经济学名著译丛

Economic heresies
Some old-fashioned questions in economic theory

经济学的异端

经济理论的一些老问题

〔英〕琼·罗宾逊 著
安佳 译

Economic heresies
Some old-fashioned questions in economic theory

商务印书馆
The Commercial Press

2019年·北京

Joan Robinson
ECONOMIC HERESIES
Some Old-Fashioned Questions in Economic Theory
© 1971 by Basic Books, Inc.
Simplified Chinese Translation copyright © 2018 by The Commercial Press Ltd.
Published by arrangement with Basic Books, a Member of Perseus Books LLC
Through Bardon-Chinese Media Agency
ALL RIGHTS RESERVED

目　录

弁言 ………………………………………………………… 1
导论 ………………………………………………………… 2
一　静态 ………………………………………………… 11
　瓦尔拉斯 …………………………………………… 12
　天国 ………………………………………………… 17
　马歇尔 ……………………………………………… 21
　维克塞尔过程 ……………………………………… 23
二　短期 ………………………………………………… 25
　供给价格 …………………………………………… 27
　预期 ………………………………………………… 30
　有效需求 …………………………………………… 31
三　利息与利润 ………………………………………… 34
　瓦尔拉斯 …………………………………………… 34
　马歇尔 ……………………………………………… 36
　凯恩斯 ……………………………………………… 39
　新新古典理论 ……………………………………… 40
　李嘉图和冯·诺伊曼 ……………………………… 47
　剥削率 ……………………………………………… 50

储蓄与投资 ·· 51
　　有效需求 ·· 57
四　报酬递增与报酬递减 ·· 59
　　不可逆性 ·· 60
　　"边际产品" ·· 62
　　规模经济 ·· 64
五　非货币模型 ·· 70
　　市场价格 ·· 70
　　单一商品经济 ·· 73
　　货币与"现实力量" ·· 77
　　黄金增长期的货币 ·· 80
　　"现实"不稳定性 ·· 81
六　价格与货币 ·· 82
　　利息与货币理论 ·· 84
　　反革命与复辟 ·· 87
　　芝加哥学派 ·· 90
　　就业理论 ·· 93
　　通货膨胀 ·· 95
　　记账单位 ·· 100
七　企业理论 ·· 102
　　完全竞争与不完全竞争 ······································ 103
　　垄断与寡头 ·· 107
　　技术选择 ·· 108
　　宏观理论与微观理论 ·· 112

八 增长模型 …………………………………… 114
哈罗德 ………………………………………… 114
利润与储蓄 …………………………………… 121
创新 …………………………………………… 129
诱导性偏向 …………………………………… 142
结论 ……………………………………………… 144
索引 ……………………………………………… 147

弁　言

在我撰写本书的过程中，与许多同事和学生的论辩和讨论让我获益良多。在此我特别要提到其中的几位：麦吉尔大学的 A. 阿西马科普洛斯（A. Asimakopulos）教授，剑桥大学三一学院的约翰·伊特韦尔（John Eatwell）先生，威斯康星大学的唐·哈里斯（Don Harris）教授，布里斯托大学的扬·克雷格尔（Jan Kregel）先生，以及埃米特·巴杜里（Amit Bhaduri）博士。

第六章《价格与货币》中的大部分文字，曾经以《新旧数量论》为题，刊于 1970 年 11 月的《货币、信贷与银行》杂志。

琼·罗宾逊

1970 年 12 月于剑桥

导　　论

在19世纪最后25年中主导经济学界的正统学说,给我们传递了一个明确的信息。这些正统学说支持自由放任、自由贸易、金本位制度以及竞争性私营企业在追逐利润的过程中普遍形成的有利结果。在一个不断扩张并持续繁荣的资本主义世界里,尤其是在仍自认为是世界主导中心以及这一体系的主要获益者的英格兰①,这是一个易于为官方所接受的理论。

然而,经济学家的学说据之以为基础的论点,与他们所宣称的问题几乎没有相关性。经济学理论的结构是一个基于先验前提条件的演绎体系,比如个体行为受制于效用最大化原则;比如建立在一个既定均衡点上的位移或者两个均衡点之间的比较的论点,而没有对从一个点向另一个点的变动过程进行任何讨论。举例来说,作为正统经济学学说之核心的自由贸易,就是以完全竞争条件下充分利用给定资源为基础,对各自处于孤立且静止状态的两个国家的条件进行比较。在这种给定条件下,每个国家从事的贸易都处于均衡状态,进口与出口持平,任何事情都不发生变化。(即便这样,认为没有哪个国家可以通过保护性措施来改善其状态的

---

① 英格兰确实如此,总之,我这里不是指整个大不列颠或者联合王国。

观点,包含有一个逻辑缺陷;这一物议在大学教学中秘而不宣,一直到20世纪30年代,正统经济学学说和世界经济都处于一种混乱状态之时,这才为外界所知晓。①)因为这一学说是可以接受的,所以理论的假设和实际事实之间缺乏一致性并不打紧;由于主流经济学说推崇自由放任,所以完全没有必要为任何积极的政策开出处方;也没有必要为正在研究的、可能会运用某种政策的经济状况感到烦恼。经济学家可以继续快乐地对空盒子进行分类,丝毫不觉得有用信息来填充空盒子的任何必要性。

1918年之后,英国经济在世界经济中的地位发生了剧烈变化,但是,因为他们的学说已经被奉为普遍真理,所以,哪怕现在他们被推入了一个不再适合于他们的处境,经济学家们也不相信他们自己会因为英国国家利益而受到影响,不过,有一个事实颇令他们感到尴尬。即美利坚合众国在20世纪20年代享有长期的经济繁荣,与此同时,大不列颠却在经受着低利润和严重的失业。而我们继承自古典经济学正统体系的一个公理,即萨伊定律,告诉我们,世界上不可能有失业。1929年提出的一项计划,意在用公共支出来纾解失业问题,这是著名的财政部观点给出的回应②,根据财政部观点,我们有一个可用于财政投资的固定储蓄基金。如果政府借走部分基金并用于公共工程的支出,对外投资就会出现完

---

① 勒纳(A. Lerner),《国际贸易需求条件的图示法》(The Diagrammatical Representation of Demand Conditions in International Trade),载《经济学家》(*Economica*),1934年8月。

② 《关于解决失业问题的建议的备忘录》(*Memoranda on Certain Proposals Relating to Unemployment*),律令书第3331卷。

全等额的减少,这样,由于贸易差额减少而引发的失业,或多或少会全部抵消因为公共工程而增加的就业。不久,世界经济出现萧条,正统经济学理论显然行将整体坍塌,但正统经济理论的职业拥趸和凯恩斯革命却从废墟中出现了。

在思想发展的层面上,凯恩斯的《通论》主要是打破了正统公理的神学体系;也就是说,凯恩斯看到了实际经济情况,并试图理解实际经济的运行原理;在过去不能改变、未来无法预知的条件下,他把讨论的主题从永恒的静止状态带进了当下的现实之中。

当时,这看起来就是一场革命。新的时代到来了,在这个新的时代,经济学将成为思考严肃问题的严肃课题。但眨眼间,这个时代就阴云密布。1945年之后,又轮到凯恩斯的革命成了正统经济学。现在,连政府都不得不承认,他们关心的是如何保持就业水平;但是,往日的神学再次笼罩了经济学理论。凯恩斯本人开始重新建构已经被他摧毁的正统体系。"但是,如果我们的中央控制机构能够成功地使总产量达到与现实中可能达到的充分就业相当的水平,那么,古典理论从这一点来说仍然是正确的……现有的体制之所以运转不灵,不在于对实际就业人员的监督管理,而在于就业量的多寡问题"。[①] 他一直高度关注当前的问题,以致未能充分思考新古典理论(他称之为古典理论)所真正继承的东西。在某种意义上,他发现资本主义在道德上和审美上都令人厌恶,但他的目的却是拯救资本主义使它免遭自毁的命运;他既没有坚持他对资本

[①] 约翰·梅纳德·凯恩斯(John Maynard Keynes),《就业、利息与货币通论》(*The General Theory of Employment, Interest and Money*)(以下简称《通论》),伦敦:麦克米伦出版公司,1936年,第378—379页。

主义制度的批评，也没有坚持他对资本主义制度辩护者的批评。尤其是，他没有区分盈利性投资和社会公益投资之间的不同，而且，他甚至不愿去思考与一个工业国家的家庭收入分配有关的问题（收入分配问题还根本没有成为时髦话题）。

很快，一种新的正统学说依靠一个简单的机制建立了起来。假设有效实施的凯恩斯政策可以将投资保持在能够吸收引致充分就业的储蓄这一水平上，就可以用其替换萨伊定律。新古典理论的其他部分也就有了复兴的可能。

然而，新新古典理论（neo-neoclassics）似乎忽略了旧的理论框架中某些重大的矛盾之处，这使得新的综合不甚令人满意。

比如说，完全竞争市场这个假设和每位商人都最大化自身收益这个假设之间，就存在相互矛盾的地方。有一群人，或者说某种具体商品的卖方，通过大家协调一致的行动（合谋）就可以增加收益。这就是自由贸易条件下存在的缺陷。即使这种论点有严格的前提条件，我们也能发现，每个国家都能通过限制自己产品的供给和减少对其他国家产品的需求这一方法，改善自己的贸易条件，并因此而获得一种优势。在追求自身利益的过程中，每个国家都会努力争取用牺牲世界其他国家的方式来获取自己的收益。除非有一种普遍认可的协议强制各国实施自由贸易，否则自由贸易无法达成经济均衡状态。①

新古典理论框架的另一个缺陷是，它的全部努力只是为了达

---

① 参见 T. 西托夫斯基（T. Scitovsky），《关税理论的再思考》（A Reconsideration of the Theory of Tariffs），载《经济研究评论》（Review of Economic Studies），1942 年夏季号。

成一种静止状态,而新新古典理论则想利用这个静止状态来讨论现在流行的持续增长概念。一般而言,不经过大刀阔斧的变革,迄今为止的静态经济根本不可能开始增长,比如说,这种静态经济的投资行业,它的运营就是将投资保持在一个刚好维持自己的库存设备完好无缺的水平上,如果要增长,就必须要有能够让它充分扩张的净投资。此外,如果增长的动因源自于对个人家庭储蓄的欲望,那么,如何克服初始的凯恩斯萧条?马歇尔很想探讨一下增长问题,却为改写处理这个问题的形式化理论而犯怵。"事实上,我们在这里接近了经济发展的主题;因此,在这里特别需要记住的是,如果我们只是把经济问题当作静态均衡问题而不是当作自然发展的问题,我们提出的经济问题并不完整"①。然而,新新古典学派(neo-neoclassicals)却毫不犹豫地一头扎入了这个问题。

这个最重大的问题关涉"生产要素"的概念。威克斯蒂德(Wicksteed)阐明了一种观点:"我们必须视一种其种类和质量可以与其他种类和质量区别开来的劳动为单独要素;同理,每一种土地都可以视为是一个单独要素。更为重要的是要坚持:不要说有如此多可用于投资的资本,而应该说,有这么多的耕地,这么多吨肥料,以及这么多的马力或者英尺磅-力(foot-pounds of 'power')*。我们在这里列举的每一个例子都有自己规定的单位,但

---

① A. 马歇尔(A. Marshall),《经济学原理》(Principles of Economics),伦敦:麦克米伦出版公司,第461页。除非另有说明,本书引用内容都出自马歇尔《经济学原理》第 8 版。

* The foot-pound power(符号表述为:ft·lbf),或者简单写成:foot-pound(符号表述为:ft·lb),是美国工程体系中习惯使用的工作单位或者能量单位,同时也是英国的计量单位。——译者

是,如果我们将这些单位用于生产要素计数,我们就可以进行充分阐述了"①。这一观点也是瓦尔拉斯理论体系的基础。

李嘉图广义范畴的土地-劳动-资本则从另一个视角对生产要素进行了分析。资本的本质一直就是焦虑和麻烦的来源。马歇尔则将生产要素划分为土地、劳动和等待,他认为实际生产成本(与自然资源租金相反)是由工作的努力和等待的牺牲所构成的。等待则包括拥有财产并克制自己不要出售获益和消费收益。"在长期中,一个人通过推迟享乐而获取的剩余利润,是等待的报酬,可用利息率计量(我们在特定条件下讨论的主题)。他或许已经通过继承或者通过道德的或不道德的、合法的或不合法的任何其他方式,事实上拥有了财产。但是,如果他有能力现在满足自己对财产的消费,他却选择以某种形式延缓自己的满足,那么,延缓满足所带来的好处,就是他等待的报酬。当他以贷款方式借出了自己的财富,他因为使用财富而获取的净收益,可以看成是给予他的一定数量的报酬"。②

这样一来,一个经济在任一时点的全部资本存量就有了两个方面:一个方面是一大堆的各种设备、库存和半成品(work in progress);一个方面则是一笔财富。资本的第三方面是另两个方面的中介,也就是说,资本即金融。一名企业家或许自己拥有资

---

① 菲利普·威克斯蒂德(P. H. Wicksteed),《论分配规律的协调》(*An Essay on the Co-ordination of the Laws of Distribution*),伦敦:麦克米伦出版公司,1894年,第33页。重刊于珍稀论著丛书(Scarce Tracts series),伦敦政治经济学院。

② 马歇尔,《经济学原理》,1890年第1版,第614页。马歇尔在此清楚地表明,等待就是拥有资本。在后来版本的类似段落中,等待成了节约的意思(第8版,1920年,第233页),观点变得极其模糊。

产,或者从食利者那里借来资金。只要掌握了金融,他就可以雇用劳动;就可以一周接一周用之前生产的可供销售的产品支付薪水;只要卖掉了产品(如果所有事情都按照计划进行的话),最初的投资就可以用利润收回了。如果延期,比如说六个月,在相同的条件下,一笔相当于半年工资的贷款提供了一个工资基金,可以让他不定期地雇用劳动。他还可以预付原材料、电力和其他运营费用,这些在未来几个月的过程中可以通过销售收回;他也可以预付机器设备所需的资金,可以在未来几年中收回。因此,金融是作为生产手段的资本和作为财富的资本之间的纽带。

从社会的观点看,实际生产力属于体现了技术知识的物质设备和材料;利润是指体现在商业组织中的金融资本,利息(等待的报酬)则是食利者的财富。马歇尔显然意识到了很难用有形资本品的生产力来确定等待的报酬;如果对资本进行分析,遮蔽着《经济学原理》全部观点之含混的烟幕,将比以往任何时候都更加浓厚,但是,新新古典学派似乎没觉得有什么为难之处。(最近,C. E. 弗格森[C. E. Ferguson]教授出了一本颇有价值的教科书《生产与分配的新古典理论》,说它有价值是因为作者声称,他对新古典理论很有信心,他并不犯愁对新古典理论做清楚明确的阐述。① 他也提出了若干命题,其中的投入要素遵循瓦尔拉斯的说法,由劳动和各种物质资本品构成;然后,他转而考察整体经济,并从整体上将资本视为一种投入要素,比如说某种特定机器的投入使用。

---

① 弗格森(C. E. Ferguson),《生产与分配的新古典理论》(*The Neoclassical Theory of Production and Distribution*),剑桥大学出版社,1969年,见第XⅦ页。

工资是由劳动的边际产品来计算的,而利润则是由资本的边际产品来计算的)

除了逻辑上的不连贯,新正统理论中的缺陷还破坏了其信息的有效性。新古典理论最深层次的思想,是一个整体和谐且没有内部利益冲突的社会观。社会在看不见之手的指引下,以最大化效用的方式,在特定用途之间分配资源;社会还决定在当前消费和希望在未来获取更大消费的积累之间分配资源。鲁滨逊·克鲁索从采集当饭吃的坚果的活动转到制作钓鱼竿上,体现了积累;或者,在森林中砍伐木材欲为自己搭建坚固小屋的健壮农民,也体现了积累。① 这里,储蓄意味着牺牲当前的消费或休闲,增加未来的生产力;因此,储蓄和投资是相同行为的两个方面。凯恩斯说,在一个私人企业经济中,投资人是追逐利润的企业,正是他们为社会决定了要储蓄多少资金,凯恩斯的说法摧毁了上述类比的这一个部分,但是,他却让这个类比的其他部分依然成立。紧接着他关心起投资按任何标准衡量显然都过低的情况;不过他坚持认为,如果把有利可图的投资作为首选,那么任何投资都好于没有投资。但是,一旦凯恩斯理论成为正统理论,这种情况就发生了变化。如果我们要保证接近充分就业(near-full employment)的水平,那么问题就来了,这时候的就业应该采取什么形式呢?新新古典学派回避了这个问题。他们采用的说法是,私人企业的投资回报率对应于或者来源于社会资本的边际产品,说到这里,他们已经重新构建了自由放任的情况。

---

① 参见马歇尔,《经济学原理》,第 351 页。

新的学说现在正步入一场危机。新学说的第一部分——即投资量受制于社会需要有多少储蓄量——已经在大萧条中丢了声誉。第二部分,即投资形式由最大化社会福利原则的约束,也因公共舆论已经意识到了最富裕国家的贫困——甚至饥饿——的持续存在、城市的衰落、环境的污染,靠推销术对需求的操纵,战争中的既得利益等等而受到质疑,且不提在繁荣的工业经济体之外的世界依然更让人震惊的种种问题了。就像萨伊定律阻止了经济学家对萧条世界中失业问题的讨论那样,新的放任自由之自得意满也阻止了经济学家对当今经济问题的讨论。

第二次危机看起来就像第一次危机一样,也是由于不加批判地接受了19世纪末期貌似有理的辩解(尽管它不符合逻辑)。在本书中,我力图为新古典传统找到现代正统理论的根源。

现在看起来,现代正统理论主要依据于缩小了其范围的瓦尔拉斯理论。马歇尔传统虽然充满了混乱与诡辩,内容还是更为丰富一些。我们在20世纪30年代曾经讨论过的许多问题,都已经从经典著作中消失了。我希望,对这些老问题进行重新检讨,将有助于我们为更深入地讨论当今问题扫清道路。

一　静态

要想在真实生活中找到一个静态经济,我们应该看看世界上那些战争和贸易尚未触及的角落,在这些角落,传统规则以及生产和分配的循环年复一年、一代接一代地重演自身,人口、技术创新或是财富的集中,从来没有发生过变化。但在这样一个社会中,价格、收入以及财产,也会受制于传统。我们在这个社会中可能会发现与现代资本主义相类似的地方,但它们终因过于牵强而无法取信于人。经济理论中的静态说本也没有打算描绘任何现实社会。它只是一种分析方法,专用于阐明经济学家生活于其中的那个变化中的世界的各种关系。

对于亚当·斯密、李嘉图和马克思来说,研究的核心主题就是生产资料和财产的积累。但在一个静态社会中,并不存在积累。19世纪下半叶兴起的新古典学派,引入了两种截然不同的可以从模型中消除积累的方法,并意图在其他方面与现实相对应。其中,一种方法是考察当下的现实情况,即现实中刚好存在物质库存商品以及生产资料的情况;另一种方法则是考察天国(Kingdom Come)的情况,在天国,积累的过程已经完成,没有人认为值得花时间去获取更多的东西。不幸的是,在现代教科书中,这两种截然相反的静态常常混为一谈。①

瓦尔拉斯

第一种方法是瓦尔拉斯市场论的基础,在瓦尔拉斯的市场里,商品的相对价格由供给和需求决定。瓦尔拉斯(以及他的现代门徒)跟我们说得最多的是商品,而不是与商品相关的人。每一个市场参与者进入市场都带着可以提供给市场的某种东西。他是行家里手吗?如果是的话,他对购买力的支配,很大程度上依据相对于其他东西而言他所提供的具体商品的价格。或许,他可能在市场上表现出色,又或许,他会因为经营所得不足以养家糊口而退出市场,直到下次再进入市场。人们很少讨论问题的这个方面。为了确保这里存在一个价格均衡模型,从而能够协调任意给定种类的商品存量的需求和供给——受制于市场参与者的无论什么偏好和欲望,就必须允许存在某种商品价格为零的可能,以应对任意实际价格条件下供给超过需求的情况。如果某些市场参与者除了这样一种商品之外,提供不了其他商品,他们会面对什么情况?

在实际经济生活中,可以观察到这样一个经由市场参与者们喊价的"摸索"过程而达成的与瓦尔拉斯供需均衡概念若合符节的案例。战俘集中营的情况就是一例②。战俘营中的战俘们基本上

---

① 参见上文,第 xiii 页。(所指页码系英文版页码,参见本书边码。下同。——译者)

② 拉德福(R. A. Radford),《战俘营中的市场经济组织》(The Economic Organization of a P.O.W. Camp),载《经济学家》(Economica),1945 年 11 月。

依靠官方的配给品存活,每月一次他们还从红十字会那里收到包裹。这些包裹并没有针对每位包裹接受人的口味,因此,每个人都有可能用他自己不太想要的东西交换他更想要的东西。如果打开了包裹并定下了价格,用香烟出价喊价,市场就形成了。然后就开始按照现价交易和再交易,一直到每件商品和每位交易者的需求与供应相等(这种情况下不太可能出现零价格!)为止,按价格计算,每一位交易者都没有更多欲望用一件东西来交换另一件东西。① 每位交易者都有与所有其他人大体上相同的初始禀赋(他的包裹),每位交易者离开市场的时候都带着一个价值大致相当的消费品。由价格控制的消费的分配问题,因此并不是很重要。

如果有人碰巧就喜欢自己包裹里的东西,他就没有必要进行交易。每一位参与交易的人都只是为了得到他认为比自己所拥有的更好的东西。因此,交易让每个人主观上感觉更好。(对于交易而言,这是一个很好的宣传,却不适用于专业生产厂商,比如说可可豆或者橡胶生产厂商,或许,某一天他们会发现,供求规律使他们陷入苦恼。)

在战俘营的市场上,香烟被用作为记账单位,或许,还是三方交易中的交换媒介,然而,香烟没有储藏价值,不能"连接现在和未来"。② 所有商品都会在一个月内被消费,如果来了新的一批包裹,就会建立起一个新的价格体系。在这个意义上,这是一个非货币经济。尽管给出的价格是单一单位的报价,但每个商品的每一分价值,实际上都是由它超过其他所有商品的潜在购买力构成。

---

① 毫无疑问,正当的行为排除了垄断的形成;参见上文,第 x 页。
② 参见凯恩斯,《通论》,第 293 页。

6 以香烟为单位定价的价格总水平，不会比依据几磅奶酪或者别的什么东西定价的价格水平更有意义。

这个案例的全部要点是，这些包裹是一个简单的设定。相对于其他东西而言，每件东西都有自己的机会成本，因此可以用来交换其他东西，然而，这里没有生产成本，也不能选择要生产什么。把一种非货币静态观延伸到一个具有持续生产的经济中，并不是一件容易之事。我们必须假设，这里的给定存货不是消费品，而是"生产要素"。这里还要有假设的劳动力，还要在特定地点有一块特定类型土壤的土地，一定数量的生产设备，比如建筑物、道路以及各种机器，再加上库存原材料。这些设备和库存都是过去生产的，但每种机器和库存"今天"的存量是随意设定的。原材料都被物尽其用，再生产一周接一周地进行，机器设备类似精耕细作的良田，在生产过程中仍然保持完好。

工人们为了获得工资而提供自己的劳务，土地、机器以及诸如此类东西的所有者，为了租金价格或租金而提供生产资料的服务。（正如我们马上就能弄清楚的那样，将机器称为"资本"并将机器的租金看成"利润"，这是一种误导。）拿到收入的人按照自己的需要和偏好，并根据自己拥有的购买力，购买由诸种要素生产的商品。组织生产也没有另外的收入来源。（经理也是一种工人。）工人可以租用机器，或者，机器所有者也可以雇用工人，再或者，这里可能有一个无实体的灵魂（disembodied spirit），一位登记全部买价和卖价的拍卖师。所有的价格都是按照某种记账单位报价。在讨价还价过程的中间阶段，或许会对某一特殊商品有额外需求，或者对这一特殊商品需求不足。这样，这个商品的价格就会随之上升或下落,商品的产量也会随之增加或减少,根据具体情况而定。当然,库存设备无法改变,但只要具体的机器具有多种用途,就可以根据所付最高租金决定何种用途。

我们很难理解这种说法,因为一个要花费很长时间(或许无限长期)才能得到的结果,已经被设定为瞬时完成。但是,这种说法并不意味着我们要死抠字眼儿。它的唯一要点是,价格、工资和租金决定了均衡状态。

在均衡状态下,每个商品的供给和需求都相等。这就意味着,受现行价格和他自己收入的制约,没有人会比自己想要买的东西多买一件或者少买一件。同样,在可以售罄商品的现行价格、现行工资水平和租金水平的条件下,没有一个生产者能找到其他盈利性要素组合。一磅或一码或一品脱任何商品的价格,都刚好足以抵补在产品形成过程中生产产品的任何特定类型劳动的平均工资成本、原材料补货成本以及特殊设备的租金。

如果任何一台特定机器的供给超过了需求,这台机器的租金就将为零。同理,如果劳动的供给超过了需求,工资也将跌到零。很显然,这种情况与均衡并不相容,劳动力也不可能饿着肚子还能活下去。为了摆脱这个困难,假设技术条件表明,生产要素之间具有可替代性,在这个意义上,在其他要素的使用量固定的条件下,商品的产出总会由于大量地使用某种物质要素而增加。但是,如果一个要素的使用量增加,而产出的相应增量少于要素的相应增量,这就是要素报酬递减,或者,随着要素实际比例的变化,递增要素的边际生产率下降。在均衡状态下,拍卖人的经营活动确保了不能再有任何要素在一个享有报酬递增的组合中得到使用;如果有要素在这类组合中得到使用的话,使用这个要素的回报将会大于它的租金价格,因此这种要素会得到更多的使用。

在每个商品的生产中,在按照这种比例使用要素的均衡状态下,每个边际产品的价值(按照记账单位)不能低于每个边际产品物质单位的租金价格。因此,在讨价还价的某一阶段,某些劳动失业从而工资水平下降,在其他要素的数量已经给定的条件下,雇用更多的劳动将是一件有利可图的事情。在其他要素是土地的条件下,这种说法似乎很有道理。人们可以采用农业技术进行范围较大的精耕细作。尽管机器并没有这么万能,但在一定限度内,通过变换操作方式,或者,通过任意给定的机器存量中可能存在的或好或坏的设计,机器应该会具有适应性,这样,较低的工资率就使得具有较低工时产出的机器值得使用了。在这种情况下,均衡中(只要机器的总存量多到足以在维持最低生活水平的工资条件下,提供充分就业),就像李嘉图的边际土地一样,某些或者全部生产线上正在使用的生产率最低的机器的租金,可能为零。

但在这一模型中,低工资率并没有创造出有效需求的问题。工资越低,租金越高。工人们消费越少,财产拥有者消费越多。

每一块土地和每一台机器,都依据于自己的技术生产力以及其他要素的可获得性和对这一产品的需求,得到了与自己能力相称的租金。这里不存在基于资本价值的一般利润率,也不存在基于新投资的预期回报率。如果我们在这一场景中引入利率——即需要在未来时间内偿还(或再出借)的按照今天购买力制定的价格——均衡体系将因之而混乱。

利息可以看成是资金的租金价格,但这个价格与生产要素的工资和租金完全不同。但只要它们可以用来表示每单位服务的价值——即特定类型劳动的一个人工时（a man-hour of labor），或者表示特定机器的一年使用期，它就可以表示为每单位价值的价值。

在市场标准利率条件下，每台机器和每亩土地都有一个这样的资本价值，租金除以这个价值，就等于利率。这些价值与机器的过去成本或者机器的当前再生产成本毫无相关性。但因为价值超过成本，所以生产这些产品有利可图。但我们必须把对变化、投资和储蓄的预期带入这里，并设想拍卖人能够记录下在一个不确定未来的买卖差价。此外，还有一些情况可以说明利率是如何决定的。

天　国

在其他静态模型中也有类似情况，尽管并不是很有道理。在这类模型中，利率是由财产所有人的偏好和习惯决定。为了阻止财产所有人将财产用于"现在的满足"，就需要给他们的财富一个回报——即"等待的报酬"[①]。他们因为将资金借给了企业家而获得了这一回报，企业家则使用这笔资金去获取并操作可以赚取利润的生产手段。只要利率——资金的租用价格——低于自信能在投资上获取的回报率，资本品的存储就会不断增加。如果两者相等，就达到了静止状态。

---

① 参见上文，第 xii 页。

为了便于叙述,我们可以称之为庇古模型(Pigovian model),因为正是庇古从混杂在马歇尔《经济学原理》中的其他概念中提出了静态概念。在庇古模型中,"今天"的设备库存并不仅仅是任意给定的。利率是资本的供给价格。在静态均衡中,现有资本品存货的价值就是包含这一供给价格在内的年净利润价值。

虽然这个模型并不特别令人信服,但还是比第一个模型更容易理解。我们并没有被限制在"今天"这一点点时间之内。尽管没有发生变化,但时光流逝,从过去进入未来。由于所有者和经营者要对他们将要做的事情做出选择,所以设备存货和财富量固定不变。没有人储蓄或者说没有人从事新的投资,因为没有人想这么做。生产是有组织进行的,但不是操控在一个幽灵般的拍卖人手中,而是操控在一个经营企业并雇用劳动的商业企业手里。机器设备一直保持原样,这倒不是因为它碰巧会保持原样,而是因为企业决定让它保持原样。(现在,我们可以允许生产成本中的资本要素进行分期偿还了,第一个模型很难做到这一点。)然而,因为非常自信地预期未来会与过去完全相同,因此,与瓦尔拉斯模型相比较,庇古模型没有为"企业"留下更多的空间。企业必须付钱给经理人,也必须赚取足够多的总利润,以便保持自己资本的价值完好无损并按标准利率支付利息。

现在,我们可以放下让人困惑的相对价值计算,从货币角度引入价格水平。其中,工资率和劳动的雇佣价格都按照货币单位予以固定。(不同的技术水平等等或许会有不同的工资率,但是,就像设备存货一样,劳动力构成也已经根据需求模式做出了调整。)

根据既定的货币-工资率,既定的技术知识簇,以及统一的资本利润率，这个模型就为所有的商品和生产资料确定了一系列货币价格。（有可能从其他模型那里借来了任意固定的"土地"供给，但假设所有生产资料具有可再生性，倒是更适合这个模型。）根据劳动和生产资料，技术条件为整体经济指定了每一种要素都有自己实际单位的投入产出表。对统一利润率的要求确定了相对价格，包括用任一商品表示的工资率，货币-工资率则确定了货币价格。（如果货币是正在使用中的交易媒介，那么，它现在的量正好是所需支付工资并按照现行价格进行交易的量。）①

货币收入——工资和利息——的流量是正在购买消费品产出的流量；产出的构成是消费者愿意购买的按照现行价格市场所能提供的商品。设备存货是指在保持机器设备不变的条件下，适合生产该产出的机器设备。除了那些已获遴选的技术，这里或许也存在其他已知的技术，是（在现行价格和工资率条件下）能够赚取与现行资本投资利率相等的利润的那些技术。没有什么技术能够赚得更多，任何赚得比这要少的技术都不可能获得使用。

每件产品的价格是这样的，它要能为用于生产这一产品的全部劳动、原材料置换、设备损耗支付费用，且为生产这一产品的直接或间接资本的价值支付利润。

对每位雇主来说，产品的劳动成本就是产出的价值扣除支付所有其他成本的工资后的余额。因此，产品的劳动成本越小，人均使用资本的价值越大。生活费用意义上的实际工资，取决于工人

---

① 因为利率必须与"等待的报酬"相等，所以，没有可能引入基于货币需求和供给的利率。

们想要购买的商品之价格水平。在利润率给定的条件下,两种意义上的实际工资水平都取决于所使用的技术。

这一体系的微观均衡取决于一个规则,即竞争迫使企业按照最小成本生产出给定的产出。对每一个单独的企业而言,工资率、利率和所有的价格,都是由他自己的行为独立给定的;企业以这样一种方式来组合生产要素,即每一种产出的边际净产品的价格不能低于该产品的供给价格。也就是说,每一种要素需要使用多少都要予以考虑,当然,其他的要素成本和产品的销售价格也需要加以考虑。(这与瓦尔拉斯模型中的边际物质产品[marginal physical product]是完全不同的概念,马歇尔在他著名的关于边际牧工的脚注中①,为了让这两个概念相同而篡改了例子,从而开风气之先地混淆了这两个概念。)

但是,我们现在遇到了一个严重的问题。模型中没有地方显示出正在使用的是现有劳动力(available labor force)。财产所有人可以按照现行利率随自己的意愿拥有财产,在工资和利息收入被花费在正在生产的消费品上时,企业就可以按照即将产生的相应的利润率,尽可能多地开动机器进行生产。他们都相当满意。但是,那些需要工作的工人数量是多少呢?(这一点是哈罗德根据经济增长提出来的。吸收储蓄的投资率让雇主感到非常高兴,然而,由此产生出的存量资本的"有保证"增长率,无论如何都无法与有效劳动力的"自然"增长率相匹配。)

这也是人们时常对这两个模型产生出困惑的地方。因为第一

---

① 《经济学原理》,第 516—517 页。

个模型实质上可以对工资进行议价，所以争论会回到第一个模型。只要存在剩余劳动，生产每件商品的实际工资就会下降。每单位"资本"使用更多的劳动会成为有利可图的事情，这个过程会一直进行下去直到发展到一个点，在这一点，劳动的边际产量将降低到与较低的实际工资相等的水平。

这个说法跟两边都不搭界。"资本量"既不像在第一个模型中那样，是完全指定的生产资料的存货单，也不像在第二个模型中那样，形式上体现为与现行利润率相当的一笔价值。对资本量应该是多少目前尚没有全面的解释。

一般而言，这两个模型所具有的让人极不满意的性质以及让人更不满意的两者之间的混合，由于对其微观特性——特定价格以及诸如此类的东西——的详尽分析而被普遍掩盖，这使得它们的宏观轮廓笼罩在一片迷雾之中。

马歇尔

作为"等待的回报"的资本供给价格的概念，虽然是由马歇尔发明，但他从未真正满足于把自己限制在静态范围之内。与他的形式分析截然相反，他对当代资本主义的看法是，"进步"正在发生。如果我们将他的观点放在一个具有稳定全面的积累以及几乎固定不变的总利润率的准黄金时代，就能很好地理解他的观点了。具体行业的利润围绕一个中心"正常"水平起起落落，总体存量资本也在不断增加。我们可以称此模型为马歇尔模型，尽管它只是马歇尔综合理论中的一个要素，但因为它描述了增长，所以与古典经济学有某些共通之处;然而,它却与古典利润理论有极大的区别。对于古典经济学而言,实际工资率是由工人所消费的商品决定的,利润率则是一个剩余。对于马歇尔来说,利润率是给定的,而所有商品的实际工资率都是剩余。

但在他的观点中还有另一个瑕疵。在《经济学原理》的所有讨论中(与形式分析相反),主导积累的不是食利者的储蓄,而是企业家的生产能力。具有坚定意志且又不乏灵活性的个体企业主,一直在努力扩展自己的业务,并因为扩展自己的业务而增加了国家的生产力存量。"一个工厂多建了一层楼,或者,农场里多用了一张犁铧;个体企业主为自己的企业所做的种种,就像是国家给自己增加了一层工厂楼层或者一张犁铧一样"。① 马歇尔有一段广为人知的话②,提前说出了凯恩斯的观点,马歇尔说,如果信心不足——即投资下降,就会产生衰退,失业会减少人们对消费品的需求并因乘数效应而加重衰退。很显然,这是企业家对未来利润的信心下降,而不是食利者对增加自己财富的欲望下降。但是,如果是利润率主导了利息率,是企业家主导了食利者,那么,由什么来决定"正常"利润率也就没有什么可以说道的了。更不用说还有什么可以为食利者的收入提供道德辩解的了,马歇尔出于为拥有资本的资本家的"牺牲"提供回报的需要,寻求为食利者的收入进行辩护。

---

① 《经济学原理》,第533—536页。这一点与"土地"供给形成了对照,土地是固定的。

② 同上书,第711页。

维克塞尔过程

这两个模型的另一种混合形式是与维克塞尔(Wicksell)的名字连在一起的。按维克塞尔的说法,静态经济是指不存在技术进步,但仍然有持续性储蓄的经济。既有的知识状态体现在生产的技术层次上,技术层次又可以根据人均产出水平和人均使用"资本"水平的顺序排列。由于拥有不同层次的技术以及逐步提升的技术层次,也就存在不变劳动力和"资本"积累的充分就业。随着时间的推移,"资本"的边际产出下降,因此利率也在下降。第一个模型的均衡必然意味着,每时每刻,资本存量都对应于未来不同时间段的利率调整范围,而不是对应于单一利率的变动;而第二个模型的均衡意味着,储蓄率对应于食利者对财富的预期回报。我们不得不结合瓦尔拉斯市场的盲目"摸索",想象如何对复杂未来发展状况做出正确预测。

我们很难找到能够使这一说法自圆其说的假设(维克塞尔本人失望地放弃了这种尝试),而且,好像也不值得这样去做,因为在没有任何技术知识进化的经济中,积累和技术变化的概念都是非自然的。在不断进步的资本主义经济中,适应性变化总是伴随投资一起出现。而且,资本主义经济中也不存在经过全面规划的技术层级——规划只用于将要使用的技术。再者说,持续性积累不太可能与利润率下降相关联。对发展中国家来说,技术选择问题虽然重要,但能够在发展的第一阶段就达成充分就业,才是他们面临的主要问题。对于高度计划的社会主义经济体而言,这一点也非常重要。对他们而言,稍后一段时间产出产品总归不如马上就能产出产品那么令人称心,在此意义上,也确实存在"等待成本"。等待成本这一概念可以用计划投资所要考虑的名义利率来表示,但对他们而言,现有"资本"存量的利润率没有任何意义。

在利润率下降的均衡条件下,似乎没有任何地方可以应用"维克塞尔积累过程"。这是一种试图整合两个互不相容模型的尝试,但更好的做法是保持它们各自独立。

二　短期

马歇尔按三个时期或者三个阶段讨论了需求对供给的影响。首先,只要商品的供给"局限于现有的存货",那么,需求单独决定价格;其次,只要给定生产能力,需求就可以在一定范围内影响产出水平;最后,"在长期内"生产能力则根据需求和受生产成本控制的价格以及相关投资的正常利润率进行调整。①

第一阶段和第二阶段的区别没有多大用处。正如马歇尔本人指出的:"几乎所有不易腐烂的商品之交易,都要受到未来计算的影响。"②对于那些零售商保有大量存货的制造品而言,"市场出清价格"的概念也没有任何意义。然而,第二阶段引入了一个非常宝贵的概念,这个概念极其鲜明地将马歇尔学派与瓦尔拉斯传统区别开来,这个概念就是"短期",在短期中,工厂的库存不变,但可以有不同的使用方式。

这一点与资本主义产业中的生产关系相一致。在任何时刻,生产能力都受限于厂房、设备以及现有的专门技术。一家工业企业愿意为长期设施筹资,是因为它预计,它能在未来几年的经营中

---

① 《经济学原理》,第337页。
② 同上。

收回净利润。它也会同意采用不易终止的合同来聘用雇员。另一方面,它也会按星期甚至按日来雇用普通劳动者,并按每周的产出来支付能源和原材料及诸如此类的各种经常性费用。

如果我们仔细辨析工厂的库存与其效用程度之间的区别、可变成本与固定成本之间的区别或者沉没成本与可避免成本之间的区别,我们不可能作出精确的区分。有些成本是永久性沉没成本,有些成本则是与生产的产出量无关的每周或每班必须付出的成本;在劳动力普遍短缺的时期,经理人面对他负责的市场之销售额下降的情况,不愿意为了暂时解雇技术工人(他们再也不会回来)而裁员。同样,抑制产出增长的瓶颈,或许就是对劳动力的使用——尤其是对熟练技工的使用——而不是工厂。然而,对于产业活动分析而言,对效用变化和生产能力变化的一般概念做出区别,还是不可或缺。

基本看法是,短期内,生产能力就是当时所显示出来的存在现状。然而,当前具体工厂的现状却与瓦尔拉斯的给定生产要素存量概念不是一回事;尤其是在分析中其作用完全不同。不同于瓦尔拉斯的概念,马歇尔的短期概念只是时间之流中的一个瞬间,在这一瞬间,对未来的预期正影响着现在的行为,所以它属于货币经济。我们可以从货币经济中货币价格与货币工资率的关系,推出工资与利润之间的收益分割。借助于这一概念,我们就能分析不完全竞争的价格政策,分析未来不确定性对当前的影响,以及增长过程中均衡的含义,所有这些都被瓦尔拉斯市场假设排除在外。

我们可以用长期和短期概念的区别来做文章,用不着执着于在长期中建立的均衡。实际上,拿它当作历史上的一个时期谈论

"正处于长期中"或"正接近于长期"是很荒谬的。(马歇尔本人则认为,经济趋向于长期均衡,但实际上从未达于均衡。)将"短期"和"长期"作为形容词使用,而不是作为名词来使用,效果要好一些。"短期"并不是一个时间长度,而是事物的一种状态。世界上发生的每一件事情,都是在短期状态中发生的,每件事情都有短期结果和长期结果。短期结果包括对产出、就业或许还有价格做出的反应;长期结果则关注生产能力的变动。

供给价格

从长期的观点看,短期可能处于均衡状态,也可能不处于均衡状态。在均衡状态下,没人自怨自艾,预期都得以实现。按照正常效用水平运营的工厂,正在源源不断地生产并按照一个可以让相关投资得到满意利润率之价格出售其产品。在这种状态下,只有具备适当技能以及培训的劳动,才能得到工厂的雇用。如果近期突然发生了无法预料的变化,长期均衡就无法达成,我们才能发现工厂库存和劳动力构成的不适当。虽然工厂库存和劳动力构成不能一夜之间做出改变,但同时我们可以改变它们的效用来妥善处理这种情况。

失衡状态有可能是卖方市场的失衡,或者是买方市场的失衡。在卖方市场中,需求水平会使得卖方能以抵补平均总成本(包括全部管理费用和摊销备抵)的价格水平决定自己的产出能力,售出更多的产品,并获取净利润。在买方市场中,卖方不可能以有利可图的价格销售自己产能的产出。这里的区别不是很准确,毕竟产能的产出（capacity output）并不是一个清晰明确的概念。或许，产能有一个无法明确分类的中间区域，但就我们的主要论点而言，一个大致的区分已经足够。

产出和价格对不可预见的需求变化的反应，取决于有关生产厂商的竞争状况。在某些类型的贸易（主要是农产品贸易）中，商品被投放到市场上，是按商品所能获得的价钱出售；但对制造品来说，事情正好相反：生产者报出价格，并按市场能够接受的价格出售。

马歇尔假定，工厂设备的使用率较高就会有较高的价格。在庇古的理论体系中，这一观点得到了系统阐述，庇古认为，在完全竞争条件下，考虑到价格抵补了平均直接成本，产出水平总是呈现为边际成本高于价格。如果情况果真如此，在卖方市场中，价格将会被推高到一个点，在这一点上，需求将会减少到与产出能力相等的水平。在买方市场中，高成本的产出能力将被迫关闭，那些还在持续运转的设备，则是因为其平均直接成本小于价格。那么，在这种情况下，仍在生产的任何一家工厂，都在努力提高自己的生产能力。

20世纪30年代的完全买方市场经验让我们惊讶地认识到（马歇尔一直明白这一点）[1]，产品价格可能高于直接成本，工厂的生产可能低于满负荷工作能力。最近一段时间的卖方市场经验则表现出了较长的交货时间，以及因价格低于抑制过度需求的水平而出现的客户限量供应。简而言之，不完全竞争是制造业的普遍

---

[1] 《经济学原理》，第458页。

规律。

在现代工业资本主义中,市场结构和卖方策略迥然不同。在市场中,独家垄断企业对市场具有强大的控制力,或者说,市场是由两到三家寡头操控,单边策略在市场上有很大的活动空间。普遍来看,在那些多少具有竞争性的行业里,最常见的行为似乎就是成为跟随者。企业根据设备正常或者标准的利用率制订计划,并计算自己的平均生产成本。高于或者低于正常水平的适度产出变动不会使价格发生变动,但是,需求的大幅波动会使价格发生变动,又或者,由于工资率的变动或原材料价格的变动而引发的成本变动,会要求企业对价格进行重新审议。如果很多企业在为同一市场提供产品,没有哪家企业愿意成为最后一名降价者或者最先一名提价者。原因无他,只是害怕失去自己的客户而已。由此而产生出了价格领导机制,即确立一个准则,所有企业都等待一家企业作出变化,然后所有企业紧随其后。领导企业奉行的是方便自己发展的政策,但这种情况就像是领地里的至上君主之所为。领导企业的独立性受限于它必须避免冒犯企业群体中其他成员的利益。而且,这种价格领导者机制也时不时地连续引发各种纠纷。

在正常情况下,由领导者确定价格会使得领导者能为自己轻松赚取一笔利润,而其他那些规模较小且效率不高的跟随企业或是奋斗中的新入企业,则只能以较高的成本赚取较低的边际收入。在买方市场上,领导者定价机制还要防止竞争者的相互残杀;在成本上升的时候,使所有企业自我防卫以免出现损失。在强大的卖方市场上,定价领导者企业在整个短缺时期宁可维持价格低于"完全竞争"水平以培育市场。

最简单的概括好像是这样（只要计入直接成本的工资率和要素价格都是常数），适度的需求波动对价格毫无影响（短期供给曲线是完全弹性）。但这并不意味着它们对利润也毫无影响。在不变价格条件下，高于成本的超额收益越多，产出率就越高，因为管理费用与效用无关，所以，随着产出的增长达到产能的极限，甚至每单位直接成本也可能下降。事后实现的投资利润越高，设备平均使用水平超过其使用寿命也越长。

况且，马歇尔的看法还是有一定道理的，即对某一特定行业的产品之需求增加，将会导致产品价格的上涨，据信这样就有足够强大的理由进行扩张生产能力的投资。但在现实中这种情况并不常见，原因在于，边际成本会上升，相关企业会需要更多的利润用于投资。而且，人们也有理由用正当的商业原则来要求他们，同时他们也发现，在卖方市场条件下，他们在生产能力增长之前就很轻松地通过需求的扩大赚到了钱。

从另一方面说，在买方市场上，维持原价甚或提高价格（正如在垄断或者强大的领导者定价机制下可能发生的那样）都不可能防止利润下滑。

预 期

马歇尔供给适应需求说的第三阶段并不是很令人满意。首先，正如我们所见，他并没有把正常利润率作为"长期"定价的因素来予以通盘考虑。其次，他似乎暗示我们，如果超额利润将新的竞争引入了市场，生产能力也将逐渐增长，直到利润下降到正常水平

二 短期

为止。他没有点明的是,在这种情况下,可能出现的超调会导致利润的急剧下降,而不是缓缓滑落到"正常"水平。第三,既然马歇尔对经济运行做出了乐观解释,所以他只关注需求增长导致生产能力增长的效应,而不关心需求减少引发的生产能力萎缩的效应。一旦投入了资金并建成了企业,降低生产能力的过程是缓慢而痛苦的。正如丹尼斯·罗伯逊(Dennis Robertson)曾经说过的那样,短期内两端长度并不相同。

特定企业的短期状况与其生产能力的变化之间的关联,是由企业的内生预期形成的。

如果出现了一个持续稳定增长的过程并且预期正在实现,每一时刻发生的变化都是和谐的;它们将导致与需求发展相适应的生产能力之数量和构成的变化。

现实中我们从来没有见过完全均衡,这只是基于长期计算的计划所得出的近似值。围绕企业正常效用水平的波动,充其量也只会带来有限的结果。繁荣就是繁荣。没有加速投资,也能享有高利润;销售的下滑只是可以熬过的暂时的不幸。不稳定性源自于当前经验对预期的影响。人们如果预期到卖方市场会持续,会因此迅速增加投资,就有可能引发超调,并终止卖方市场。然而在买方市场上,生产能力的保持只是因为企业还在盼望复苏,所以,如果复苏无望,买方市场依旧持续。

有效需求

马歇尔讨论过特定商品的需求与供给。在我们将此讨论应用于有效需求的整体运动时,这种分析显得尤为重要。

在和谐状态下,预期或许可以实现。生产能力的增长与供给市场需求的增长速度相同;因此,对近期利润水平的预期,会引致产生出这一利润水平的投资水平,从而证明这些预期的合理性。

在繁荣条件下,预期是自相矛盾的。利润较高的原因是投资一直在持续,投资又是受到由投资而产生的利润预期的引导。市场竞争中的生产能力之增长,迟早将超过需求的增长;基于生产能力进一步增长的利润增长前景黯淡了下来;随之而来的投资水平的下降,将会降低实际利润。

萧条是悲观情绪自我实现的一种状态。对利润的预期较低,投资就会受到阻碍,这样,销售就会低于正常生产经营能力,因此利润下降;并由此证明了悲观预期的正确性。(在经济周期理论中,只要相对于需求的机器设备库存减少,复苏就会从萧条中产生,这种情况跟危机产生自繁荣的过度发展完全相同,但人们或许会怀疑,如果没有针对有效需求的新一轮外部刺激,经济好转是否会自行出现。)

凯恩斯的《通论》起因于试图对普遍和长期的买方市场做出诊断。《通论》分析的核心是关注具有既定生产能力和既定未来利润预期的短期状况。这说明了一个悖论,即从严格意义上讲,静态理论为动态分析的激增铺平了道路。总之,凯恩斯意在揭示,不存在什么迈向充分就业均衡的"自然"趋势;因此,要想让私人企业制度以一种还算过得去的方式运转起来,政府政策不可或缺。当然,他关心的主要是解决失业问题的良策;对于卖方市场的通货膨胀问题,[①]他只

---

① 后来,他在《如何为战争付款》(*How to Pay for the War*,伦敦:麦克米伦出版公司,1940年)一书中,分析了通货膨胀。

是蜻蜓点水地提了一下，书中的长期分析也非常粗略。这些工作都留给了哈罗德，哈罗德不仅将《通论》转换成了长期条件，并且指出，人们既不能期望不受控制的资本主义经济保持稳定，也不能期望它以令人满意的速度持续增长。

自从凯恩斯革命成为正统以来，所有发达工业国家的政府都非常关注为工人维持近似充分就业（near-full employment）状态，为资本家们维持高利润市场。新的影响正在对有效需求变动发挥作用，这个研究已经超出了马歇尔的研究范围，更不用说瓦尔拉斯的一般均衡理论了。

三　利息与利润

在一个由工匠从事生产制作的经济中,劳动、资本和企业所得,不能被区分为各自独立的收入来源。技术、知识、劳动和商业头脑以及生产资料所有权,只有捆绑在一起,才能用于向特定市场提供特定商品。在竞争型经济中(在这里对公平价格的管制已被打破),由特定商品获取的所得受到供给和需求的极大影响。也就是说,社会所得被纵向划分成了源自不同商品的收入(receipts)。如果为工资而就业成了主要的生产方式,社会所得就横向划分为劳动所得和财产所得。利润作为一种独特的收入范畴是产业资本主义的特征。

马克思紧随精明务实的古典经济学家的脚步,把利润归因于资本对劳动力的剥削。新古典经济学反对这一观点,但他们从来没有成功创造出另外一种既合理又可信的利润理论。

瓦尔拉斯

瓦尔拉斯将利息率引入了他的永恒非货币市场之后,他对利息率给出了两个完全矛盾的解释,毫无疑问,他希望两者是一回事。[①]

[①] 参见《纯粹经济学要义》,威廉·贾菲(W. Jaffe)译本,伦敦:艾伦和昂温出版公司,1954年,第23章。

三 利息与利润

在第一个解释中,有一个特定商品,依据该特定商品价值的一定的百分比,产生了一笔永久年金形式的回报。在这里,所有物质生产要素的租金价格,仍然由市场上的供给和需求决定,但现在,每件资产的预期收益是按照一般利息率计取其现值。作为一种生产要素的工人,其资产价值几何,瓦尔拉斯本人的想法非常含糊。他当今的一位门徒鼓起勇气,把他的想法归纳为合乎逻辑的结论,也就是说,将劳动力的未来收益资本化,这样一来,预期国民净收入被描述为一个回报,该回报等同于按照生产要素总存量的资本价值确定的利息率。① 但即便是他也没能就这个利率水平究竟是多少,给我们提出一个计算方法。

瓦尔拉斯的第二个解释与储蓄(saving)有关联。在市场上,每一位卖者都会用自己的收入立刻购买某样东西,但他在购买生产资料(比如机器)的时候,却很从容,他要对生产工具的未来获利能力做出估价。对于每种类型的机器而言,在任何时候都具有一个既定的生产条件,机器作为一种产品,其价格是由供给和需求以及其他所有商品决定的。一台机器的现有租赁价格与其成本的比率表现为机器的现有回报率。利润率则是由具有这一最高比率的机器决定的。其他机器的预期租金价格则由这个利润率确定。人们发现,除了最能赚取利润的机器,其他所有机器的价值都小于机器的生产成本。只有最能赚取利润的机器才值得购买。储蓄者打算购买的就是这类机器。

---

① 参见希克斯(J. R. Hicks),《资本与增长》(*Capital and Growth*),牛津:克拉伦登出版社,1965年,第264页。

然而，瓦尔拉斯没能指出的是，如果储蓄者是由现有价值引导购买机器，他们会被误导。为了进行正确的投资，他们需要了解所有商品和各类机器相关价格的未来发展趋势。新新古典经济学也推导出了这一模型，①但它似乎不可能调和每个人对不确定的未来之正确预见的假设与瓦尔拉斯市场日日讨价还价之间的矛盾。

马歇尔

庇古的静止状态规范了马歇尔体系中的静态要素，在庇古的静止状态中，利率是对食利者财富的回报（等待的回报），这一回报足以引导整件事情的持续进行。融资就是基于一定回报率的不定数量金额的贷与借。由此，商品的价格和不同用途的资源的配置，应该是让每一项资本投资都能赚得一笔等同于这一利率的利润率。但这种理论相当空洞；它仅仅是重复了静止状态下的假设，即利润率等同于等待的回报。

在马歇尔对增长经济的阐述中，关于利息率的各种含义，存在大量的语词混乱现象。在他的术语体系中，长期利率被视同为资本利润率，反之，在某些时候（但并非总是这样），长期利率又被视为食利者收益（等待的回报）。另一方面，短期利率或者贴现率，又是货币市场的一个现象；它会受到银行行为或者黄金供应变动的

---

① 参见森岛通夫（M. Morishima），《均衡、稳定与增长》（*Equilibrium, Stability, and Growth*），牛津：克拉伦登出版社，1964年，第3节。

三 利息与利润

影响。[①]（维克塞尔同样也对利润率意义上的"自然利率"与借贷成本意义上的"货币利率"进行了区分。）

这一术语体系可做如下修正。利润是对企业投资资本的净回报。利息（不同种类贷款利率的综合）则是资金的租赁价格，资金配置收益是食利者资产的资本价值所应获得的回报率[②]。后两者具有关联性，原因在于，货币市场利息率影响着资金配置的间接价值，但是，两者涵盖的交易范围并不相同。综合利率中的一个重要因素是银行贷款的费用（即马歇尔时代的票据贴现率），从银行的角度看，贷款利息是银行总收益的一部分，但不是资本的回报，而食利者财富或许也包括与企业负债无关的不动产等要素。在所有这一切中，最重要的一点就是要离析出马歇尔的资本利润率概念。

投资时时刻刻都在进行，因为现有的企业正计划扩大自己的生产能力，新的业务也正要启动。面对未来的投资者，不仅要估算他们期望的额外产出之价格，以及他们必须付出的工资和其他成本，他们知道，根据现行价格，一笔已知的钱能够购买什么额外设备。于是，他们计算出了投资的预期利润率。（这可以表示为降低了折现率，这笔折现率可以使预期总利润在未来时间内的价值与当期的投资成本相等；或者可以表示为永久年金，其投资可以通过分期偿还和再投资保证安全，以维持资本在不确定的未来不受损失）。每位投资者都会追求承诺最高回报的方案。对于典型的投

[①] 参见埃沙格（E. Eshag），《从马歇尔到凯恩斯》（*From Marshall to Keynes*），牛津：布莱克威尔出版公司，1963年，第3章。

[②] 当然，在现实中，不管是否能产生收益，拥有财富的"报酬"就是拥有财富；储蓄的"报酬"则是对财富的添加。

资者来说，在正常时期，根据预期价格和成本（这一点是讨论中缺失的环节）就可以计算出与"正常利润率"相等的预期投资收益率。马歇尔主张，只有在投资领域对未来进行展望，才能理解利润率（他称之为长期利率），但如果正常获得了"正常"条件，一般而言，实际实现的利润率最后终会等同于预期利润率。在整个经济中，利润率有均等的趋势：或者毋宁说，这里存在一种利润率模式——即容易进入的小型企业所能获得的利润率或许只能低于大型企业享有的利润率。又或者，在某一个行业的某一时刻，相比较于此时正处于黄金增长期的"典型企业"而言，某些挣扎求生或处于衰败中的企业，经营很是不善。（作为对当代家族企业的一种观察，马歇尔关于"林中之树"的说法倒是较为贴切，尽管这个故事在马歇尔理论中的作用不太令人信服。）

　　短期机制保证了利润在经济中的流转。在某些行业，由于需求先于供给增大，所以预期利润较高。这样一来，不仅大量新的投资将流入这个领域，而且还跟有从不尽如人意的行业中流出的摊提资金。因此，需求的推动和拉动不断地将存量资本改造成为能产生正常收益的形式。

　　今天，所有资本品的价值都是通过与正常利润率相对应的比率来计算其当期净利润。为借入资本支付的利息率，通常也要考虑预期利润率，以及一笔风险预提；即使这样，利息率也会受到货币因素的影响，货币因素能使利息率离开其正常水平。如果利息率过低，就会开始投机，贸然的投资会驱动价格上升。因此，过低的利息率会导致预期利润暂时而且反常的上升。这个问题被留给了凯恩斯，凯恩斯指出，过高的利息率会导致萧条和低利润。

在这个部分的讨论中,马歇尔已经默默地放弃了利润率等于等待之回报的观点,因为,如果利润率等于等待的回报,投资就不会继续。而且,货币利率对利润率的影响,只是一个不凑巧的偶发现象。那么,是什么决定了正常的利润率呢?马歇尔显然希望他的读者不要注意他没有说过的东西。

凯恩斯

凯恩斯对利润率和利息率进行了明确的区分,也就是说,凯恩斯对企业家实际投资的回报与影响食利者在股票市场获取回报的借款成本作出了区分,从而消除了新古典经济学在文字表达上的混乱。然而,凯恩斯并没有试图提出长期利润率理论。他的理论考虑的纯粹是短期状况。他所谓的边际资本效率,也就是预期利润率,是对生产力的投资拟获未来回报的估计;它一定具有不确定性,一定受到投资者动物本能(animal spirits)之主观心理状态的影响。

在凯恩斯讨论的短期状态中,现有资本所得到的实际利润率没有任何意义。不管每年全部利润总额是多少,为了计算出应该从中适当地扣除多少折旧,利润不能不清不楚地被归结为净利润。(如果不知道未来的话,就不能将其归为净利润,以便计算折旧应该从中扣除多少。)再者说,纯利润率还涉及对资本价值的计算;存货和设备的历史成本或当前再生产成本,都与此不相干,反映的都只是过去的情况,而不是未来的情况。在这种情况下,资本的存量价值仅仅意味着按照某一适当比率折现的资本的预期未来收益。

如果我们知道具体利润率是多少,我们就能以此利润率为折现率来计算资本价值,揭示出资本所获的利润率。然而,这样还是无助于让我们弄清楚利润率是多少。

从食利者的角度看,代表了资本回报的复合收益,是由货币与财富所有人的偏好以及现有不同种类的资产配置(诸如债券、股票等等)之相互作用所决定。价格水平则日复一日由市场决定。货币当局可以通过银行体系操作货币供给来影响利率水平。①

很显然,利率的下降(在给定的预期状态下)提升了所有能产生收益之资产的资本价值,也提升了产生租金的不动产和房产的资本价值,但对于工业生产中使用的生产设备之价值,没有任何直接影响。或许,利率在刺激房屋建设并降低未来租金方面具有重要影响,但在产业投资方面的影响,还不是很清楚(但小企业会发现,获取银行贷款可能会更加容易)。在这一问题上,凯恩斯也没能抓住食利者和企业家的区别。他对"长期预期状态"的讨论,只是专注于股票交易,而不是生产资料的积累。

在他放任自己的思想驰骋在长期问题上的时候,他的概念更加含糊了。尤其是,仅仅依靠建立长期低利率就能造成食利者无痛而亡的建议,今天看来似乎有点异想天开。

新新古典理论

凯恩斯革命之后,试图重建传统正统理论的新新古典理论②

---

① 参见下文,第 79 页。
② 特别参见索洛(R. M. Solow),《资本理论与收益率》(*Capital Theory and the Rate of Return*),阿姆斯特丹:北荷兰出版公司,1963 年。

三 利息与利润

不仅倒回到了把利润率等同于利息率的惯常做法,并且从社会整体的角度,重新确立了用回报率来度量资本边际生产率的理论,但并没有解释其含义。

新古典经济学的思想框架,意在呈现出在竞争性市场力量"看不见的手"指引下,产业经济的合理性与社会和谐的场景。马歇尔对此有所保留;J. B. 克拉克(J. B. Clark)进行了最清楚的阐述。"遵照自然法则,一个社会阶层得到的,就是这个阶层对工业总产值所作的贡献"。① 根据这个观点,资本家之所以获得利润,是由于他的资本对产出作出了贡献。固定设备(capital equipment)通过提高劳动生产力而对产出(除了教育和培训以外)作出了贡献;掌握了资金,资本家才能提供设备、雇佣劳动并获取利润。复兴了前凯恩斯主义理论的新新古典经济学派,接受了 J. B. 克拉克对资本的看法,即资本是赚取利润的资金以及大批生产资料。抛开土地不谈,"资本"和劳动就是"生产要素",它们的"回报"对应于它们的"边际生产力"②。把投资的生产力与"资本"的生产力混为一谈,似乎构成了这一学说的基础。

投资生产力 社会投资生产力并不是一个很精确的观念,但却具有很重要的意义。我们可以想象一个独立的农民家庭,或者想象一个类似基布兹(kibbutz)*的合作社,正在决定要拿多少劳

---

① 《租金律决定的分配》(Distribution as Determined by the Law of Rent),载《经济学季刊》(Quarterly Journal of Economics),1891 年 4 月。

② 弗格森在他的《生产和分配的新古典理论》中(第 215 页),明确重申了这一命题。

* 基布兹是以色列的一种集体社区,是混合共产主义和锡安主义的思想而建立的乌托邦社区,社区实施所有物全体所有制,是一种没有私人财产的集体社会。——译者

动用于改善土地,或者,要拿多少销售收入用于购买生产设备。一项投资的成本是现在更多的工作或更少的消费,获益则是未来工作效率的提升。成本与收益既不是同质的,也不含有心理因素;两者之间的关系只有通过某种多少有点随意的计量,用回报率来表示。然而,用当前牺牲换取未来优势的一般观念却非常清楚①。那么,这与资本利润率有什么关系呢?在这样一个共同体中,消费品的当前产出与更多消费或更多闲暇的未来获益,将依据某一个原则在其成员之间进行分配;属于整个共同体的生产资料以及劳动收入与财产收入之间的区别,对他们而言毫无意义。

在自由放任的资本主义制度下,净产出在消费与投资之间的分配,是追求利润的企业家为社会所作的决定。在这个制度中甚至没有一个机制来保证全部现有劳动力都能受雇于某家企业。在出现失业时,某些额外投资的社会成本不会大于零,实际上,如果我们再考虑到失业工人的痛苦,社会成本还会是负数,但资本家还需要支付工资才能做成这件事情。

在一个接近于充分就业的经济中,要维持一个利润率大体不变且不断增长的国民收入,有效劳动力显然要经由数量增长和人均产出的提升而增加(否则,不变利润率的增长是不可能的)。从社会投资的角度看产出,这个产出还包括实际工资总额以及额外利润的增长。如果这就是"资本边际产量",它一定大大超过了利润率。为了了解社会福利如何在未来的工资和利润中进行分配,我们需要了解利润率;但利润率究竟是什么,这里什么都没有

---

① 参见索洛,前引书,第154页。

谈及。

从某种意义上说,现代资本主义与一家投资效益与投资成本相匹配的合作社,具有某些共同之处。政府或许会认为,用更多的消费和更少的投资,才能让经济的未来良好运行达成接近充分就业状态。接下来,政府就想促使市场减少消费品的盈利,使得投资更具吸引力。但政府会发现这样做并不容易,因为,降低了市场的盈利也会让投资萎靡不振,但不管怎样,这样做都可能会成功。它受到了某种关于国家利益的一般性看法的引导,这个国家利益我们或许还可以用投资生产率来表述,但它与资本利润率无关。

伪生产函数(The Pseudo-production Function)   另外一个由来已久的混淆,是由于无法识别虚拟均衡位置上的资本存量和随时间推移的积累(比如维克塞尔的"资本深化"过程)这两者的区别而产生的。[①](虽然两者都是虚构的概念,但为了搞清楚它们的含义,我们有必要提出看法。)

在具有给定利率的庇古静止状态中,我们设想有很多不同的方法可以产生出一个既定产出率;利润最大化企业之间的竞争,导致不同形式的资本都会获取一个与利息率相等的利润率。以此为基础,我们可以构建虚拟的"既定技术知识状态"下显示所有可能均衡点的伪生产函数,意在说明基于技术选择的假定的相对"生产要素价格"(实际工资率和利润率)的效应。技术则根据人均净产

---

① 萨缪尔森(Samuelson)教授在《资本理论的悖论》(Paradoxes in Capital Theory)中,在"再转换"讨论的"总结"中,已经做了清楚的阐述。载《经济学季刊》,1966年11月号。

出的顺序进行排列。根据不同的利润率，适用的技术就是在它获取利润的时候，能够支付最高实际工资率的技术。任何按照利润率衡量的不合格的生产方式，都属于不包括在技术清单中的低劣生产方式。因为每套技术都有一个与其条件相当的利润率。如果一种技术较其他技术所需的人均资本价值更高（与利润率相对应的价格），并且在人均净产值刚好高到足以支付所需额外利润的条件下，由于利润差相差不大，两种技术中总有一种技术不再是适用的技术。

正是在这种语境下引发了技术"再转换"（reswitching）争议。按照劳动价值的价格，每种技术所需设备成本都与生产它所需的劳动时间成比例。较高的实际工资率就产生了较高的人均资本成本。一种资本成本较高的技术（在任何利润率条件下），除非具有较高的人均产出，否则就不可能是适用的技术。因此在这种情况下，按照人均资本的技术排序与按照人均产出的技术排序相同。伪生产函数因此看起来就像是新新古典理论的"良态生产函数"（well-behaved production function），依据这一函数，增量人均"资本"生产出增量人均产出。基于伪生产函数的前向技术转换，由较低利率引发的人均产出较高的技术，成了适用的技术。①

但是，正如李嘉图所认识到的那样，劳动价值的价格是一个非常特殊的情况。只有在资本劳动比率（the capital to labor ratio）和全部生产线上涉及的各种成本所发生的时间模型都相同的情况

---

① 这就是萨缪尔森教授著名的"替代性生产函数"。实际上就是伪生产函数的特殊形式。见《资本理论的寓言和现实性》（Parable and Realism in Capital Theory），载《经济研究评论》（*Review Economic Studies*），1962年6月。

三 利息与利润

下,它们才能起支配作用。一般情况下,利润率和实际工资率也是相对成本的一个部分;由于利润率与实际工资率是逆向而动(利润率较低,实际工资率就会较高),所以任何一种技术(按单位净产出计算)所需设备的成本,会随着利润率而上升或者下降。人均产出较低的技术,其设备的成本会随着利润率的提升而大大超过具有较高产出的毗邻技术的成本,因此会有后向(技术)转换,所以,较高的工资率与"劳动更密集"的技术相关联,也就是说,与较低的人均产出相关联。对新新古典经济学来说,这就是一个悖论。它颠覆了显示出劳动与"资本"之间替换的生产函数概念。

这一分析对以下事实提出了一个非常重要的说明,即旧的新古典经济学不仅无法为"资本的量"下定义(除非可以作为"投入的劳动"来度量,但这种做法不入其法眼),同时也显示出,新古典经济学没能抓住"资本边际产出"这一概念。无疑,在一种技术与另一种技术相比较的(技术)转换点,人均利润与人均资本价值成正比,因此,在某种意义上投资的回报等同于利润率。但是,这一切之所以如此,仅仅是因为所有投入价格和产出价格都是这种情况,即利润率要对应于(技术)转换点的利润率。①

然而,整个争论没有什么建设性,事实上根本就不存在伪生产函数。我们在这里争论这个函数是否"有可能"是良态函数,以及这种表现能够达到多么完美的程度,其实毫无意义,它根本不能告诉我们利润率是如何形成的。

---

① 参见帕西内蒂(L. L. Pasinetti),《再论资本理论与索洛的"收益率"》(Again on Capital Theory and Solow's "Rate of Return"),载《经济学杂志》,1970年6月号。

伪生产函数只是在与能够显示今日投资如何影响未来产出的真实生产函数相混淆之时，似乎才显示出一点重要意义。

有段时间，维克塞尔（虽然他放弃了这一努力）试图利用简化的伪生产函数（在简化版伪生产函数中只是由"生产时间"的长度来具体说明技术）来探寻利润率（他称之为自然利率）与"资本边际产出"的关系。根据这一思路，现有的生产资料存量，也就是今天我们知道的操作技术，是由过去的储蓄形成的。在"给定技术知识状态"的维克塞尔累积过程中，与利润率下降相关联的人均"资本"，要随时间的推移而增加。因此，累积被视为沿着生产函数缓慢爬行，生产函数是已知的，并且不会随着过程的推进而改变。假设自亚当离开天堂以来，就获得了一种单一形态的技术知识，并通过缓慢投资增加了资本存量，那么，随着利润率的下降，技术必定逐渐经过每个转换点，在每个转换点上，两种技术都同样有利可图，在每个转换点上，投资回报都等同于利润率。

这种说法明显很荒谬。如果我们认真对待这种说法，我们就应该假设，任意时点的资本存量不是基于单一利润率，而是基于一组对应于未来不同时期的利润率所作的抉择。我们还应该假设，任意时点的资本设备存量，都不能体现一种适合某一特定价格和利润率的技术，而是由过去投资所形成的老设备构成的，而过去投资是根据预期回报率高于目前的回报率作出的。

毫无疑问，我们完全有可能根据上述假设解决所有的问题，但这样的分析甚至都无法假装能应用于我们生活于其中之经济的过去或未来。

李嘉图和冯·诺伊曼

在新古典传统经济理论一头撞进沙堆的同时，人们又恢复了对古典经济学的兴趣。① 古典经济学的利润理论将实际工资看成是必要生产成本的组成部分。

在李嘉图的谷物经济中，一个人在边际土地上工作一年所生产的谷物是一个技术数据。谷物工资（corn-wage）也是一个由生存所需而给定的技术数据。产出减去工资就是每位雇佣人员的年利润。工资率和本次收获到下次收获的时间长度，决定了雇用一名工人所需的谷物资金。按定量谷物计算的人均利润超过人均资本的部分就是利润率。因为必要工资是技术条件的一部分，所以利润率源自于这一体系的技术数据。

工资品（wage good）的生产决定了利润率，竞争则决定了所有其他产品的谷物价格，并使它们产生出相同的利润率。在任何一个产业里，一个人产出的谷物价值减去工资，就是一名雇佣工人的毛利润，按与雇佣工人相关的资本品的谷物价值计，这笔毛利润不仅足以保住本钱，还能产生出标准利润率。李嘉图本人的主要兴趣在于：随着总体就业的增加和耕作范围的扩大，人均预期利润下降。此外，一些不同看法也让他分神，比如说不能将实际工资视

---

① 复兴古典经济学主要是在皮耶罗·斯拉法的影响下进行的。斯拉法在1926年的文章中提出了不完全竞争理论，他在为李嘉图《政治经济学及赋税原理》撰写的前言（1951）以及后来的《用商品生产商品》（1960）中的说法，形成了以边际生产力对分配理论的批判，虽然新新古典理论无法回答这一问题，但他们试图采用我们在上文所评述的观点来回避问题。

为单一同质产品而放弃谷物模型，比如说对"不变价值尺度"之幻象的追逐。①

在从人们的视线中消失了一个世纪之后，纯粹的古典利润理论又由冯·诺伊曼（von Neumann）有所发展。② 在他的模型中，必要工资由一篮子指定商品组成。这些商品是由劳动借助于一批商品——设备、原材料等等生产出来的，所有这些商品是在这一体系内通过劳动以及商品本身生产出来的。这些商品按比例组合在一起，按照这个比例，就可以产生出最快、可持续的工资品篮子产出增长率。随着工资品产出的增加，劳动就业也在增长（或者是人口按照一个适当的比例增长，或者是依靠丛林中的坚果维生，并准备在有了基准实际工资后就参与就业的人数不定的潜在后备劳动力）。在任何一个时期，扣除雇佣劳动工资和生产资料置换之后的生产剩余部分，就是净利润。净利润中的物质要素与生产资料库存和工资储备金具有相同比例。因此，净利润与资本存量的比率是明确的。生产的技术条件和实际工资决定了利润率。

冯·诺伊曼模型中有一个因素或许与瓦尔拉斯的边际生产率有相似之处。这个因素在实际生产中可能用与其他要素不同的比例生产出某些商品或者全部商品。其中，最优比例由边际生产率等于价格表现出来。然而，在冯·诺伊曼路径的任何一点上，全部

---

① 参见皮耶罗·斯拉法为李嘉图《政治经济学及赋税原理》撰写的前言，载《大卫·李嘉图著作和通信集》(Works and Correspondence of David Ricardo)，剑桥，1951年，第 1 卷。

② 参见《一般经济均衡模型》(A Model of General Economic Equilibrium)，载《经济研究评论》，XIII(1)no. 30(1945 – 1946)。

三 利息与利润

产出的最优比例已经选定;生产资料存量按照正确比例已经存在。所有的相关价格都与包括标准利润率在内的生产成本相适应。这一点与瓦尔拉斯的情况迥然不同,在瓦尔拉斯那里,任何时点任意比例的商品存量、生产资料以及劳动都是给定的,相对价格和工资率则由供给和需求决定。冯·诺伊曼的方程式描述了最优路径的均衡状态;因此在这种情况下,如果经济出现了失衡,它们无法解释是什么造成了这一结果。① 冯·诺伊曼本人也没有对伪生产函数发表过意见。他的经济受制于由实际工资率所决定的一种技术。(如果工资率由卡路里指定,而不是由某些特定商品的数量决定,我们就可以比较一下工人以小麦或者土豆为食物的那个地方的经济情况。如果是后者,工资的实际成本可能较低,利润率较高。在这两种情况下,全部商品的相对价格并不相同,有不同的生产技术倒也说得过去。)

冯·诺伊曼假设,全部生产剩余都会持续用于投资,以扩大商品存量和增加就业。因此,全部净利润和全部净投资纯然就是一

---

① 如果有一个计划当局,且该当局拥有整批的生产资料并希望能在未来某一时间段实现最大化就业,即使该当局只局限于使用某个单一技术,可能的政策选择范围也非常广。一种极端情况是,计划当局可能会找出稀缺商品,并从现有存货中按最佳比例聚拢一组投入要素,弃置超过稀缺商品最优比率以外的剩余部分,再按最大产出率确定产出增长。(这就是"征收通行费"[turnpike]政策。)另一种极端情况是,或许一开始的时候生产的只是稀缺商品,直到生产出了足够的该产品并使另一种商品成了稀缺商品,且库存的大批生产资料达到了能按商品最优比例进行生产并提供最大供给(相对于要求)按原先成批出售为止。在这一可能范围内,何种政策为最优必然取决于商品原始库存的详细清单和技术方程。这里不可能存在先验的预设(a priori assumption),即征收通行费政策会行之有效。当然,这种看待事物的方式忽视了现实中出现的主要问题。在冯·诺伊曼的世界中,只有在实际工资能养活劳动时,劳动才得以存在,而实际计划人员考虑的工人则已经存在。

回事。利润率等同于增长率。

我们改变一下冯·诺伊曼的假设,假设财产所有者消费了部分工资品的产出。在这种情况下,由于利润率和工资水平由技术条件确定,所以利润率和工资水平没有受到影响。但增长率会下降。这里就出现了一个我们在稍后将拈出的重要线索。

剥削率

在李嘉图的谷物模型中,利润纯粹就是剥削。工人无法获得土地,也不能依靠田野收获而生存,所以工人必须寻找工作。资本家的职能就是向地主支付地租,并将谷物工资贷放给工人。他利用他们的需要让他们为他生产利润。

但这种剥削并没有遭人谴责,因为这是财富增加的唯一途径。地主消费掉自己那份谷物用以豢养封建家臣(feudal retainers)。资本家只是少量消费自己的那份谷物,用谷物雇用更多的工人以生产更多的利润。

马克思通过剥削扩大了积累这一概念。资本家之间的竞争驱使他们采用增加人均产出的方法来降低成本,因此他们"仿佛是在温室里催熟了社会劳动生产力"。

在《资本论》第一卷中,马克思似乎预示了,随着资本主义的发展,实际工资会围绕着就业市场刚刚接手工匠和农夫经济时就确立的水平而波动。在固定工资条件下,随着人均产出的增长,剥削率也在上升。生产的增长和广大人民群众不变或下降的消费之间的冲突,将导致矛盾的爆发。但在第三卷中,暗示了一个不同的预测。根据这个预测,剥削率趋向于固定不变。如果确实是这样的话,实际工资率必定随着人均产出的增加而提高。[①] 第一卷的判断似乎与现代所谓的发展中国家的经验一致,在现代发展中国家,由于缺乏生活手段的潜在劳动力的大量供给,资本主义的投资者据以雇用劳动的工资一直维持低水平。在现代产业飞地获取的利润份额却非常高。[②]

另一方面,在那些接近充分就业状态较为普遍且工会力量强大、同时社会立法旨在消除令人绝望之痛苦的成功工业经济体中,往往已经趋向于确立了一个相当固定的剥削率,因此实际工资水平的上升已经成为常态。(到目前为止)通过制止工人的愤怒,并一直扩大能让他们有利可图的商品市场和服务市场,从而将资本主义从马克思预期会毁灭它的矛盾中解救出来。

一旦我们去掉实际工资由技术决定的假设,古典利润理论就失去了准确度,但仍然对阐述这一体系的运行提供了基础。

储蓄与投资

现在我们回到冯·诺伊曼的模型,并在两个方面对他的假设做修改:商品篮子有大有小,实际工资率应该也有一个范围;不必

[①] 马克思相信,技术的发展一定会提高资本产出比率。因此,如果利润份额固定不变,利润率一定下降。在现代条件下,似乎有一种多多少少保持人均产出价值和人均资本价值都逐步上升的趋势。因此,利润在净产出中的份额固定不变和资本利润率固定不变,不是不相容的。

[②] 参见洛夫特斯(P. J. Loftus),《劳动在制造业中的份额》(Labour's Share in Manufacturing),载《劳埃德银行评论》(*Lloyds Bank Review*),1969年4月。

将全部净利润用于投资以扩大现有制度——部分利润可以让食利者消费。

现在,如果我们用相同的实际工资率并使用相同技术但不同比例的利润消耗来比较两条路径,且利润率(正如我们在上面讨论过的那样)在两条路径上都相同;那么,每条路径的增长率等于利润率乘以1再减去所消耗利润的比例。只要全部净利润被消耗掉,增长率就为零。(这就是静止状态,这个静止状态具有与庇古模型相同的某些共同特征。)

接下来(按照总就业在两条路径都相同的这个点)比较利润消耗比例相同的(具有相同技术的)两条路径,其中一条路径的增长率较高,另一条路径的增长率较低。增长率较低的路径,利润率也较高。[①] 它的实际工资率较低具有两个原因:其一,投资占消费的比例较高;其二,利润数额越大,食利者消费掉的数额也越大。或者,如果我们比较具有相同增长率的两条路径,具有较低利润消耗比例的那条路径,其实际工资率较高。

这些观点可用公式概括如下:

$$s_w = 0, \pi = g/s_p$$

其中,π 是资本利润率,g 是经济增长率,s_w 和 s_p 分别是储蓄在工资和利润中的占比。在古典理论中,实际工资是固定的,利润

---

① 如果我们放松刚性技术假设,较高的利润率和较低的实际工资就可能导致人们从这一可能值范围进行不同技术的选择,这也是我们进行比较的诸经济体的共同之处。在给定单位劳动商品篮子条件下,较高利润率的技术可能也会有较高或者较低的产出。(这一命题是在双重转换的论战中建立起来的。)如果伪生产函数是良态函数,较高利润率就与较低的人均产出相关联,这一点进一步加重了工人的负担。(该命题衍生自黄金法则或新新古典定理。参见后面第136页。)

三 利息与利润

是取决于技术条件的一笔剩余。但在现在的这一理论中,利润率由储蓄和投资的综合效应决定,实际工资是一笔剩余。

所有这一切仅仅是一套公式而已。争论的问题是,在自由放任的资本主义条件下,如何在投资和消费之间进行劳动和生产资料的分配。是否正如古典思想清楚表达的那样,产业资本家又用利润进行再投资并扩大了自己的产业?或者,是否(就像新古典所主张的那样)由居民决定他的多少收入用于消费,多少收入用于再投资?

凯恩斯在撰写《通论》的过程中,经过了"长期的努力以求规避"新古典的观点,但在更早之前,他就已经用古典术语描述了1914年前这一欣欣向荣的制度:

> 这一卓越制度的发展建立在双重误导或者欺骗的基础上。一方面,劳动阶级由于无知或无能为力,或是被强迫、说服,或是被风俗、惯例、权威以及业已建立的社会规范所哄骗,从而接受了这样的制度。在这种制度下,劳动者只能获得由劳动者、自然和资本家联合生产出的蛋糕的极少部分。另一方面,资本家阶级却可以将大部分蛋糕据为己有。理论上,他们并不需要消费这些产品;实际上,众所周知,他们只消费很少一部分产品。①

---

① 凯恩斯,《和约的经济后果》(*Economic Consequences of the Peace*),第16—17页,伦敦:麦克米伦出版公司,1919年。

在资本主义制度下,从一开始,利润的功能就是留存和储蓄,而且大体上采用的是将累计利润投资于企业从而扩张企业的形式。部分利润还会上交给资本所有者,或者,作为利息支付给那些提供资金的人,但是,如果利润的主要目的是支撑食利者的消费,"这个世界早就发现这个制度是不可容忍的了"①。

如果我们采纳古典观点,就能弥补马歇尔模型中缺失的一环。企业想扩大自己的经营从而实施投资计划,并向居民支付他们的劳动所得和非劳动所得(不列颠国内税务局的说法),货币又因为居民购买商品和服务而流回企业手里。

如果我们假设预算是平衡的,假设劳动所得的净留存由私人房屋建筑抵消,由此可知,在任一时期,居民从企业购买的商品和服务的销售总值,超过了生产商品和服务过程中直接和间接发生的工资总额,即(用于)新投资的工资总额加上利润支出(其中还应该包括产业巨头给自己的大部分薪水)。这就是净利润的来源。出售给公众的商品之主要生产成本,又从公众本人的工资总额支出中收回;毛利润则来自于投资部门的工资总额和利润的消费支出。去除为重置成本提取的摊销费用,净利润则等于净投资价值加上食利者消费的价值。正如卡列茨基(Kalecki)所说,工人花费出去的是他们得到的东西,资本家得到的是他们花费出去的东西。②

技术条件和利润水平决定了相对于货币工资率的货币价格水

---

① 前引书。
② 参见后文,第119页的注释。

三 利息与利润

平,并因此决定了等同于任意篮子商品的实际工资水平。

国际收支收入账户的顺差或者逆差,是对国内投资的增加或者抵销。预算赤字和房屋建筑超过所得收入的留存,显示出与净投资相同的方向(预算盈余或者所得收入的留存也相应减少了净利润)。

所有这一切都与实际支付流相关。事实上,左右投资计划的利润率并不是一种实际支付。它只是对未来价格和成本的预期的一种表达。只有在黄金增长期,经济平稳增长,预期不断实现并因此而不断更新的条件下,所实现的利润率才能有确切的含义,我们上述那个公式的条件才能得到满足。利润是在消费品的销售中产生的(正如在谷物经济中那样,利润是在工资品的生产中产生的);一般而言,工业上可获得的利润率包括企业相互出售的投资产品的价格或它们自己生产的产品的账面价值。利润率(在没有净所得留存的时候)等于储蓄率除以利润留存比例。

现实中从来就不存在黄金增长期。由供给和需求主导的市场也存在扰动、错误预期和突发事件,因此,经济体中的资本利润率并不相同,也不是一直稳定不变。尽管这样,正常利润率由投资和储蓄倾向决定的概念,给我们提供了一个可借以进行详细分析的一般理论框架。

正常利润率必须与利息率严格区分开来。等待的回报——食利者财富的回报率——由货币市场决定。由于有现代市场机构提供的工具,可交易资产的风险小于生产性资产的风险,因此,在通常情况下,市场收益率水平大大低于能够吸引实际投资的预期利润率。

法律机构和包括股票市场在内的金融机构的职能，就是降低贷款人的风险并方便他们为实业提供资金支持。今天，主要的工业投资资金来源就是源自利润留成，毫无疑问，这种情况与有管理的资本主义制度下马歇尔所说的家族企业时代的情况大致相同。同时，也总是有正在开张的新企业；也有被出售给公众的家族企业，而且，也有偏爱融资扩张这种方式的企业在发行证券。正是因为如此，保有外部储蓄和利润留成很有必要。根据我们的假设，外部总储蓄水平应该等于投资超过利润留成，但新的储蓄并不一定就能直接借用。任何时候，只要有一点点募集资金的新需求传到汇集了大量储蓄者的资本市场，资本市场就会发行新证券。全部抵押证券的价格水平随着"消息状况"（state of the news）而瞬息万变。为了了解金融供给和金融需求的影响，我们可以想象一下我们正在研究一个宁静状态的市场，我们满怀信心地预期一个稳定的利润率和增长率会在无限长期的未来继续保持下去。为了让利息率水平保持不变，就有必要让不断增长的资金募集需求模式与资金供给模式相匹配；尤其是，需要银行体系允许货币扩张以满足财富所有人正在增长的流动性偏好（以及贸易的需要），无论如何，要向食利者不愿意提供贷款的工业发放贷款。这样一来，如果证券需求的增长慢于供给的增长，除非银行体系抵消了这一动态，否则利息率水平将趋于上升，反之亦然。

企业自筹资金（self-finance）增加了食利者财富以及他们自己的储蓄。如果从留存中融资获得了成功，也就增加了企业的盈利资本。在家族企业中，家族会要求享有这笔利益的权利，在上市企业中，股价就会上涨。假如财富的增加刺激了食利者消费，就会

三 利息与利润

趋于提高投资资本的整体利润率水平。

上述内容给出了马歇尔利润率理论和利息率理论的基础,但并没有给出马歇尔想要的东西:食利者收入的正当理由。

有效需求

凯恩斯指责古典经济学家(他并没有将其与新古典经济学家进行区分)忽略了有效需求的问题。李嘉图设想的是,工人们为了生存而不得不消费自己的工资;地主消费地租,资本家则消费利润或者用自己的利润作投资。因为产品是按实际情况分配,所以供给与需求之间不可能有缺口。在谷物经济中,由于没有专业化和交换,所以无论生产什么产品,都不存在寻找市场的问题。

马克思颇重视"实现剩余价值"的问题,他的产品以某种特殊商品的形式产生出了一种特殊的资本主义;即商品必须先卖出去,才能用收入支付工人工资并提供利润。马克思驳斥了萨伊定律,并在书中的一些段落暗示说,消费不足将是资本主义毁灭的根源。然而,在他所讨论的主线中,他又说,资本家总是将自己手中掌握的剩余价值用于投资,所以他们自己解决了实现问题。

罗莎·卢森堡(Rosa Luxemburg)坚持认为,只要资本主义还在地理上扩张,资本主义制度就能保持自己的投资率(以及由此而来的利润)。马歇尔也考虑到了信心崩溃的可能性,[①]但他没有太重视这一点,不过他的学生在经受大萧条打击的时候,提出了萨伊

---

① 《经济学原理》,第710—711页。

定律和财政部观点是真理的说法。

凯恩斯对允许这种灾难发生的自由放任资本主义制度进行了诊断。自第二次世界大战以来，所有资本主义国家的政府都在本国经济中扮演着重要角色，一段时期以来他们也做得很成功，基本上，他们采用了主要由预算赤字提供资金的大量政府支出的方法，用以维持接近充分就业水平并创造出了一个有利于整体高利润率的局面。

从现状来看，避免经济的大幅下滑是件好事，但是当前，尤其是在美国，正在蓬勃兴起反对浪费或者反对政府和产业直接将资源投入有害生产链的运动，他们未能为大众提供基本的人类需要。新新古典经济学家如果除了认定自由放任学说的破烂残余，即有利可图是正确的之外，对此没有作出任何贡献，他们就不能参与这场大辩论。

四 报酬递增与报酬递减

"规模报酬递增和规模报酬递减"的表述意味着这些现象之间具有某种对称性,但从源头上说,它们毫无共同之处。报酬递减的概念从李嘉图的地租理论发展而来;报酬递增概念则出自亚当·斯密基于市场规模的劳动分工理论。

古典经济学家关注的是历史发展过程。新古典经济学家试图将自己的概念塞进静态均衡机制中,从而引出了若干混淆和矛盾。

从技术意义上说,规模报酬不变的概念意味着,每一个要求有给定产出的实物投入要素——即具有具体技能和精力的劳动工时、特定种类的机器、原材料以及场地等等,都被视为其本身就具有同质性,因此,每增加一个给定比例的投入要素,就会增加相同比例的产出。报酬递减则源自于这样一个情况,即某些投入要素,尤其是那些由大自然供给的要素,无法随意增加。为了让产出有一定比例的增长,就要求其他要素更高比例的增长。在技术意义上,规模报酬不变也有条件:如果所有要素都增加,产出则同比例增加。另一方面,能够产生报酬递增的大规模生产经济,要靠改变投入要素的自然属性才能运行。劳动的专业化程度越高,平均人时产出也随之增长;机械设备设计出来是为了可以以较低的成本生产出大量的产出,大量的原材料供应可以更加精细地分级,如此等等。这并不是一个生产中所使用的给定物质投入要素的比例问题,而是投入要素本身的规格问题。在某些产业中,要求投入要素的最小规模比较高——比如铁路网——那么,只有产出的增加数倍于不可分割的投入要素所带来的生产能力,严格意义上的规模报酬不变才能实现。由于投入要素的次优效应,所以在报酬递增之间存在一个增长的范围。(为了让瓦尔拉斯体系运转起来,我们必须假设,所有投入要素都具有可分性——否则,某些服务项目的价格将会下跌至零,尤其是在它们刚刚以巨大的成本建成之后。)这一概念在逻辑上可以与专业化经济区别开来,但在无论何种实际情况中,这两者都可能混合在一起。

理解这些概念的主要困难与时间密切关联。变化(产出变化、价格变化或者成本变化)是在特定时刻发生的事件,变化改变了已经发生了变化的情况。

不可逆性

产出与成本之间的函数关系概念只有在严格的短期分析中才有意义。如果投入要素的规格和生产方式经年保持不变,相对于不变投入要素而言,随着更多的可变投入要素的运用,产出有可能上升或下降,但供给曲线的上升和下降依然与变动方向无关。只要一个特定农业地区依据工时计算某种具体谷物的产出超过一个年度周期,就能大体满足这些条件。在过去的一个年度周期内,一定会在开垦土地,在排水和灌溉等方面有过不可逆投资;但是,一旦进行过这种投资,且生产能力在经营过程中保持不变,那么从今往后,这种投资就与随投资而来的"自然资源"别无二致了,因此短期情况就是准永久情况(quasi-permanent)。同理,在固定机器设备的产业中,人均产出会随着旧厂房的收购或淘汰而下降或上升。

但是,长期供给曲线是一个非常靠不住的概念。要增加生产能力就需要投资。后期较大的生产能力将大于前期较小的生产能力。一般而言,有三个原因使得生产能力的技术性质产生了差别。第一,产业经济中的技术变化具有持续性,新的厂房设备将包含以前没有使用过的技术。第二,扩大生产能力涉及技术的适应性这一事实,即使这些技术只是已知一般原理的应用。(显示"技术知识状态"的"技术设计图"在学术论战中起到了一定的作用,但在实际分析中毫无用处。在实际经济中,只有在打算使用的时候,技术才被设计出来。)第三,大型设备常常需要一种能够改变未来整体状况的准永久型投资。

马歇尔不安地意识到了不可逆性问题。他认为,产出随时间的推移而增加。在生产的后期,均衡点会出现在下降的供给曲线上。比如 B 点是期初产出,当该产出从 B 点扩张到 A 点后,如果成本随产出的增加而降低并低于之前的成本,产出也会从 A 点退回到 B 点。① 这就是把技术进步、干中学(learning by doing)以及不可逆投资悄悄引入静态理论的路径。

这一思维路径的最重要范例就是"幼稚产业问题",是有利于自由贸易之法定推论的一个例外。很显然,在一个国家努力追求另一种先进技术的时候,在掌握这种技术之前,他一定会保护自己

---

① 《经济学原理》,附录 H。

的产业免受低成本的竞争。在发展过程中,产业规模有可能增大,但这里的关键点不在于规模,而在于工人和管理人员在业务学习过程中所耗费的时间,以及累积必需的机器设备所耗费的时间。由于新古典模型没有为时间留出空间,因此这个观点必须以规模经济为分析框架。就像马歇尔的不可逆供给曲线一样,这个例子不仅打破了常识,还因此破坏了均衡模型的逻辑结构。

经济学家们并没有过多地强调不可逆性的对立面——破坏资源,毁坏便利设施,以及空气和河流中日渐累积的污染。庇古倒是在他的静止经济范围内提出了一个重要观点,即"外部不经济",比如烟尘污染等,但他并没有重视永久性损失(*permanent* losses)。这些问题已经留给了自然科学家,让他们去发出警告,而泰然自若的正统经济学家们仍然继续精心阐述支持自由放任的设想。

"边际产品"

由报酬递减和报酬递增概念提出的另一个问题涉及"边际产品"与要素价格的关系。在瓦尔拉斯的静止状态中,假定是由市场的讨价还价和各种要素的重新组合,经由同步过程来安排所有的边际生产率和所有的租金价格。从某种意义上说,每个商品的边际成本都在上升。也就是说,如果打算增加任一商品的产出,就必须吸引有其他用途的生产要素,这样一来,所涉及的商品的价格就会提升。但是,这种产出的增长只是名义增长。如果给定所有生产要素的供给,只有在其他商品的产出降低的情况下,某种商品的产出才能增加。需求模式的变化意味着,如果某种商品的需求下

四　报酬递增与报酬递减

降,其中的生产要素就会被释放出来,并被转移到需求已经上升的那些商品上。在我们对产出增加的商品价格进行解释之前,我们必须知道,其他产出下降的商品释放出了何种具体生产要素。

为了弄清楚某个要素的边际产量,比如说某一类机器的边际产量,我们必须考虑撤出一单位这个要素之后会损失多少产出。由于将劳动和其他要素与机器结合起来还有其他用途,所以,用这台机器的商品产出的减少额,减去其他要素产出的增加额,就是损失。生产力的变化会改变要素和商品的价格模式,因此,边际物质产品是一个很复杂的实体,而边际产品的价值也不具有明确的含义。这样一来,说一个要素(比如说某种特殊类型的机器)获得的回报(每台机器的年租金价格①)等于它的边际产品的价值,让人很难理解其具体含义。②

李嘉图体系中的边际产出具有完全不同的含义。在最简单的李嘉图模型中,唯一的产出就是代表了全部农业产出的"谷物",而且,谷物也是唯一的工资品。农业资本家为了扩大未来的产出而不断积累谷物。为了将雇佣工人稳定在一个收获周期内,就需要有一个专项谷物投资——即等于一年工资总额的工资基金。劳动和资本是密不可分的——[它们的]单位投入是指一人年工作量以及预付一年工资的谷物投资。农业资本家通过配置劳动力,使集约耕作和粗放耕作的边际相等,从而实现利润最大化,也就是说,在最肥沃土地上增加一人年工作量所增加的额外谷物产出,不少

---

① 我们不得不假设机器不用摊销,因为我们无法用瓦尔拉斯术语区分出总产出和净产出。参见上文,第10页。

② 参见下文,第68—69页,关于单一商品经济中边际生产力的定义。

于增加耕作面积所获得的产出（这里忽略了处女地的开垦成本）。由此，如果连续不断地在贫瘠土地上增加雇用农夫与产出，每人每年的边际产出也会随之下降。（地租消化了良田和瘠土不同等级生产力之间的级差，所以农业资本家获得了受雇于他的每位农夫的同量平均回报）。现在，每增加一位雇佣人员获得的边际产出，提供了每位雇佣人员的年薪以及雇用他所需资本的利润。但事实远非如此，即每一"要素"都分别获得了自己的边际产出。人加上资本才得到了边际产品（等于一人年工作的边际产出，而非土地租金）。雇佣人员的工资总额要从这份产出中扣除，剩余下来的才是雇人所需资本的利润。如果资本包括机器设备和材料库存，那么，尽管产出和资本都由相同材料构成，从而使得接下来的估价问题不那么简单，但原则依然相同。

在李嘉图体系中，谷物工资由生存所需来决定，因此随着人均产出（扣除租金的净值）的下降，资本的利润率也在下降。如果我们愿意假定资本的利润率固定不变，那么在这种情况下，随着受雇总人数的增加，实际工资将随着人 + 资本的边际生产率而下降。

马歇尔清楚地知道李嘉图体系和瓦尔拉斯体系中边际生产率之间的差别，但他很难让自己的读者明白这个差别。[①]

规模经济

将边际生产率的思想应用到报酬递增的情况引起了更大的麻

---

① 参见上文，第 12 页。

四 报酬递增与报酬递减

烦。马歇尔认为规模经济主要是针对单个企业的内部经营。随着整个行业的发展,也会出现外部规模经济。他没有考虑规模经济的任何限制。"随着产业的发展,企业也在发展"。因此,(在固定货币工资率的条件下)单位产出成本是产出的递减函数。但他坚持认为,价格等于包括正常利润在内的平均成本。这样一来,价格一定随着成本而下跌。然而,对每一家企业来说,边际成本都低于平均成本,从而低于价格。

这也是马歇尔著名的两难困境。[①] 竞争条件如何才能与报酬递增相协调?

庇古尝试将马歇尔从困境中拯救出来,他假设,如果企业长期成本处于最低点,此时的企业规模最优。这样,为了享有正常利润,企业必须越过最小成本点,在企业边际成本(等于价格)高于长期平均成本这样一个程度上从事生产,就足以产生出所需利润。[②] 如果价格高于这个点,产出大于这个点,超额利润就会吸引新的竞争者进入,并迫使企业回到原处。产出低于这个点,情况则相反。为了给报酬递增让出空间,庇古不得不依靠纯粹的外部经济,或者"大规模产业经济"。每家企业都一直是在边际成本上升的条件下进行生产,但是,至少对所有的进入企业来说,企业数量的增加也会降低平均成本。(这是对一个复杂争论的简单说明,这个争论在

[①] 参见沙克尔(G.L.S.Shackle),《理论热的年代:1926—1939年经济思想的创新和传统》(*The Years of High Theory*),剑桥大学出版社,1967年,第11页以下各段。

[②] 在总成本中包括了一笔一年的正常利润,均衡价格才能表现出等同于最低平均成本。在维克塞尔对这一论点的表述中,均衡时利润为零,所以价格等于企业的最低成本。参见《国民经济学讲义》(*Lectures*),伦敦:卢特里奇,1934年,第1卷,第26页。但对维克塞尔来说,利息率也计入生产成本。参见下文,第97页。

尘埃落定之前，就已经中断了。)[①]虽然皮耶罗·斯拉法（Piero Sraffa）在40多年前已经批驳了这一奇怪的解释，但它仍然是现代教科书中"企业理论"的基础。

下一个问题是把"报酬法则"引入商品的相对价格理论。

在瓦尔拉斯的静止状态中，全部要素供给都有具体的物质形态以及固定的数量。每一种需求模式都会产生出一种特定的相对价格模式。（在战俘营中，如果大部分人是不吸烟的锡克教徒，一般而言，包裹中其他物品的香烟价格会更高一些）[②]。庇古本人并不认为物质要素（"土地"例外）要有具体形态和固定数量；他也没有走向另一个极端（在他之后开始流行起来），认为资本设备库存可以随意设想。他确实认为全部"资源"在某种程度上是给定的。

为了将马歇尔的含糊说法清楚地表达出来，庇古采用了以商品确定产业的方法，他将产业一分为二，一类是报酬递减占主导地位的产业，在这类产业中，商品的供给价格随产出增加而上升，一类是规模经济占主导的产业，在这类产业中，商品供给价格随产出增加而下降。

需求模式的变化会从某些商品中释放出一些"资源"，这些资源体现在其他商品的生产资料中。这就使他产生出一个想法，即通过税收和补贴制度，削减那些"报酬递减的"商品的产出，将资源转移至"报酬递增的"商品上，造成实际总产出和福利总额的增加。然而，他很快就认识到，这是基于报酬递增和报酬递减的虚假对称

[①] 见《报酬递增和代表性企业：专题讨论》(Increasing Returns and the Representative Firm: A Symposium)，载《经济学杂志》，1930年3月。

[②] 参见上文，第4页。

四 报酬递增与报酬递减

原理。① 一种商品的需求下降是借助于稀缺要素的要素租金降低而产生的。这是财富的转移,不是社会成本的节省。

抽象掉了稀缺要素,这个观点似乎只剩下以下内容:每种商品都产自于竞争性行业,企业会按照一个对应于其生产成本且包括正常利润的价格在市场上销售该商品。相比较而言,有些商品比其他商品更容易出现报酬递增情况,因此,如果为了利用这一差别而在两个行业之间转移"资源",那些产出下降行业中规模经济的损失,将会低于产出增加行业的所得。需求模式也受到相对价格的极大影响(大体上,商品都是相互替代品),因此,对某些商品征税并对其他商品进行补贴(净税收为零),需求会发生转移。在总收入给定的条件下(在工资率不变的条件下工人达到了充分就业水平,一个固定数额的"等待"也会获取一个固定的利息率),消费者购买征税商品的价格将会上涨,上涨幅度很有可能会略微高于税收(因为这些商品的规模经济几乎没有受到损失),与此同时,消费者购买补贴商品的价格将下降,下降的幅度将会因为经济的增长而大于补贴。这样一来,消费者的实际收入将会增加。②

从来没人认真地将这种观点视为一个政策建议,时至今日,这种观点似乎也从正统学说的典籍中销声匿迹了。当年,庞古是将

---

① 自阿林·扬(Allyn Young)在《财富与福利》的书评(载《经济学季刊》[*Quarterly Journal of Economics*],1913 年 8 月)中指出这一错误之后,庞古便修正了他最初在该书中提出的这一观点。在《福利经济学》(*The Economics of Welfare*)的历次版本中,他的每一次努力都变得更难以理解了。《财富与福利》出版于 1912 年,《福利经济学》出版于 1920 年,到 1932 年已经出了第 4 版。

② 参见卡恩(R. F. Kahn),《理想产出札记》(Some Notes on Ideal Output),载《经济学杂志》,1935 年 3 月。

其作为理论上出现例外的例证提出来的,也就是说,这是在自由放任条件下,完全竞争在资源的不同用途之间进行最佳配置时产生的一种例外。在这里,我们的常识再次被打破,但是,庇古抓住了这个问题并在其产生更大祸害之前,用静态均衡假设将其掩藏了起来。

所有这些困难和混乱都与新古典经济学意图躲避时间而产生的报酬递减和报酬递增概念相关联。如果我们在我所称之的马歇尔模型(固定正常资本利润率的经济增长)中确定了这一论点,问题似乎就没那么棘手了。不可逆性并不是问题,时间在演进,我们没有必要假装过去与未来是一回事。在马歇尔模型中,竞争与成本下降之间的困境消失了。如果随着经济的扩张,正常利润率固定不变,随之而来的就是,随着人均产出的增加,相对于货币工资率的货币价格将会下降。通过假定利润率不变,马歇尔假设价格与成本保持一致;因此,由于每家企业都具有相当大的自由定价权,竞争将是高度不完全竞争;任何一个市场上的独立企业的数量都在减少;但在广义上,经济仍然是竞争经济。他需要做的就是假设:一般而言,企业更愿意利用成本下降来扩大销售,而不是力图通过限制产出增长来独占垄断利润。① 在这一模型中,规模经济与技术进步之间的区别没有那么重大的意义,企业内部规模经济与生产某种商品的行业规模经济,或者因产业、运输、流通和金融的全面发展而产生的规模经济的区分也没有那么大意义。② 随着

---

① 参见后文,第102页。
② 最后一种类型的经济是阿林·扬一次著名演讲的主题。见《报酬递增与经济进步》(Increasing Returns and Economic Progress),载《经济学杂志》,1928年12月。

时间的推移，各种商品的产出都在增加，某些商品生产的生产率比其他商品上升得更快，相对价格也相应发生了变动。只要资本利润率随时间的推移而固定不变，长期正常价格就由成本控制。需求的力量——购买力的分配、消费者的需求和偏好以及商品推销的说服技巧等等——都会影响产出的构成。只有在特定生产要素的有限供给造成了生产瓶颈，且该瓶颈无法经由技术创新打破的情况下，或者，规模经济效应被集中在某一特殊商品上，需求才会对价格产生影响。也只有这样，产出的构成才能影响生产成本，并因此影响相对价格。因此，商品的供给价格随着特殊商品销售的起伏升降，似乎就是一个小小的节外生枝了。（为了在理论体系中建立供需关系的核心地位，马歇尔似乎过于夸大了这个问题。）

但是，一旦我们在讨论中引入了历史时间概念，要想让市场的自由竞争作为实现福利最大化和保护社会公平正义的一个理想机制出现在人们眼前，就不是一件容易的事情了。马歇尔本人也承认，积累和就业都取决于对不确定未来的预期。他的短期理论就是一个不稳定理论，从历史的角度看，他的基于"生产要素"之"报酬"的理论就变得毫无意义。众所周知，经济史就是一部利益冲突史，这也正是新古典经济学家不想谈论的。

五 非货币模型

多数传统学说讨论的是没有货币参与运作的经济,这就意味着"真实"体制隐在"货币的面纱"之下运行,而经济学家必须揭开货币的面纱。然而,根据这种看法,货币不仅仅是一层面纱,它可能会以某种方式干扰和扭曲在它缺席的情况下所存在的真实关系。这一学说的要点是,在一个所有交易都是物物交换的市场中,供给创造需求,商品就是商品的需求,这样一来,由于货币的缺席,也就不会有消费不足或生产过剩;也绝不会出现非自愿失业或者生产能力不足的问题。

但是,货币的缺席意味着什么呢?瓦尔拉斯模型中不仅没有货币,也没有时间。易货贸易就是以商品抵付"今天"的商品。由于价格按照市场出清的水平确定,所以不会有留待明天销售的滞销品。模型的基本特征并不是货币的缺席,而是没有当前行为的未来预期效应。

市场价格

在一个实际市场,哪怕是最简单的实际市场上,一名交易者为了获取他可以在几小时后或者几年后随心所欲使用的购买力而出

五 非货币模型

售商品。任何预期会在未来具有普遍需求的耐用品,都为购买力提供了一个载体。很显然,如果某种具体商品被认可为通用交换媒介,就为所有相关人员提供了极大的便利。[①] 如果大家公认某一商品具有普遍接受性,因其货币能力而对其产生的货币需求就会遮蔽其直接用途。这样一来,贸易不再是以货易货的贸易,需求与供给脱离开来,供需也无法保证会达于均衡。由于未来的这种不确定性,货币因此受到责备。

我们从经验中了解到,如果交易者知道什么是均衡价格,均衡价格就将确立。(这一现象的主要例证就是1914年之前金本位制度的运行。)今天,如果价格偶然下跌到均衡水平之下,我们可以通过购买库存很快对其进行纠正,如果价格偶然上升到均衡水平之上,也可以通过削减库存做出纠正。只有确切知道这个商品值得付出这个耗费,工厂才会开工进行生产。如果交易者不得不对未来价格行情进行猜测,今天的价格下跌常常会引发抛售,并引发价格进一步下跌,反之亦然。生产商需要时间来调整供给;需求增加导致的商品高价会造成产出过度增长,从而引发市场出现裂痕。在这里,不确定性而非货币才是这一麻烦的原因。

非货币的瓦尔拉斯模型具有完全不同的意义,也就是说,在这个模型中不存在一般价格水平。每位卖家感兴趣的是他自己的特定产品对他所欲购买东西的购买力。但这应该是瓦尔拉斯分析中

[①] 参见克劳尔(R. W. Clower)编,《货币理论》(*Monetary Theory*),企鹅现代经济学读本,伦敦:企鹅出版社,1969年,第9—14页。

最突出的一点，一般而言，对瓦尔拉斯模型的阐释似乎掩盖了瓦尔拉斯分析中的这一特点。瓦尔拉斯模型以往常常显示出竞争性均衡的一个特征（在给定实物生产要素供给和给定一系列产品的条件下）：如果不能降低其他产品的生产就不能增加任何一种产品的生产。这被认为是一种最优状态。任何一个产品供给的增加都会使这一体系向更优状态推移。然而，从谁的角度看这是最优状态？对此我们必须加以检讨。

我们假设，在一个均衡点建立之后，一种商品，比如花生，其供给有了增长，另一种商品的供给保持不变。因此，另一种商品的花生价格就上升。在新的均衡建立之后，交易者的收入分配受到已发生的价格变化的影响。如果花生的需求弹性在一般情况下属于单位弹性，花生卖家购买的商品总量与之前相同，而其他交易者购买的花生比之前更多。（其他商品的相对价格和花生卖家的收入都可能发生变化。）如果需求是弹性需求，花生卖家就能购买更多的其他商品。（如果实际收入增加，劣质商品的需求并没有下降，一般而言，商品数量的变动方向非常清楚。）现在，其他人得到了更多的花生，也拿出了更多他们自己的产品，这就是说，他们更少地消费彼此的产品。花生卖家（总的来看）的情况会好转，但对于那些将花生当成一种替代商品的人来说，他们的情况可能会更糟。如果花生需求无弹性，花生卖家的情况也会更糟，他们需要拿出更多的花生来换取更少的商品。其他人（总的来看）的情况则会好转。

这是现代世界的供需规则，也就是说，在初级产品的贸易中，一般而言，需求高度无弹性。一次大丰收可能是一场灾难——农夫盼到了丰收，反而自缢身亡。* 当然，在供给发生变化之后，即刻重建均衡只能是一个神话。其他交易组织并不必然会因为一群生产者的收入急剧下降而获利。不列颠纺织业的大部分市场在殖民地国家，茶叶或者可可的价格下降，将会引发兰开夏郡（Lancashire）的纺织工人失业。

所有这一切都与货币的存在毫无关系。利益冲突（conflicts of interest）是一个其价值基于稀缺性的制度的必然特征。

瓦尔拉斯体系声称提出了一个一般均衡理论，同时人们也常说，马歇尔的一次分析一个商品的方法只是提供了局部均衡理论。事实上，瓦尔拉斯提出的也只是半个体系，因为他只是讨论了商品价格，而没有讨论买卖商品之人的收入。虽然庇古模型（不管其价值如何）也是一般均衡体系，但与瓦尔拉斯模型一样，庇古模型仅仅是对均衡状态进行比较，倒是马歇尔体系较之以上两个模型更具一般性，因为马歇尔体系允许对随时间推移的演进过程进行讨论。

单一商品经济

与上述模型截然不同的非货币模型是就单一商品经济而言建立起来的。这个模型没有相对价格——因此不用考虑供给与需求——但经济组织的年均净产出分为劳动所得和财产所得。在李

---

* 出自莎士比亚《麦克白》门房一场（Ⅱ.iii.4-5）："Here's a farmer that hanged himself on the expectation of plenty"。——译者

嘉图的谷物经济中,工资率固定为一定数量的谷物。(如果工资实际上是按照多少袋谷物来支付的话,谷物就具有了一个最重要的货币功能。)每年的收获季节,以一定量的谷物的形式反复出现的工资基金,既是实物资本,也是资本价值。当年谷物产出超过了当年资本抵补和消费的部分,就是当年的储蓄,这部分储蓄增加了可用于来年扩大就业的投资性资本存量。这里没有需求不足的问题,也不存在寻求投资场所的问题,在李嘉图的世界里,只要你提供了标准谷物工资,总是有很多愿意就业的工人。为了集中阐述一个问题——工业产品在社会不同阶层之间的分配,李嘉图模型消除了不稳定性和不确定性。消除了货币也就附带消除了不确定性。

新新古典学派也使用单一商品经济。但在他们的模型中,他们忽视了作为工资基金的资本。(他们想说的是,劳动的边际物质产品等于工资,但不等于工资加上流动资本的利息。)资本就是生产资料存量。如果我们假设工资总额是当年收成的延期支付,再引入资本家雇主所拥有的谷物种子,我们就可以让谷物模型适应这样一些要求。土地是一种免费品,劳动时间和谷物种子有一个良态的生产函数。在任意一个生产周期的初期,都有一个可用于投资的谷物种子存量,以及一批可供雇用的劳动力。在这一模型中,不仅是工人要为工作展开竞争,雇主也要为争夺人手而展开竞争,这样才能保证工资率确定在与充分就业相协调的最高水平。这也就是说,工资等同于劳动的边际物质产品——在谷物种子总量相同的条件下,如果少雇用了一个人,就会损失一部分产出。因此,每吨谷物存量的报酬,等同于谷物的边际产出,也就是说,如果

五 非货币模型

更少量的——比如说不到一吨的种子,使用同等量的劳动时间,再减去每吨谷物的抵补,产出就会有损失。①

这一模型结构的特点如下:第一,任一给定数量的实物资本,都可以为任一数量的劳动提供就业(在一个不确定范围内,两者的替代弹性为正——生产函数与图中的轴从不相切),且可以在没有任何适应成本的条件下,发生资本-劳动比的变动。② 第二,工人和雇主之间的工资协议,依据的是工人自己的产出。第三,投资包括把某物添加到业已存在的一堆生产资料中,而无需作出任何改变。

构建这一模型是为了在资本存量(帮助劳动生产产出的物质投入)和资金流量(能使劳动的雇主获得利润的资金投入)之间搭建一座桥梁。只要我们从桥下将单一商品世界这个独特的假设撤掉,桥就会断裂。③

---

① 通常都是采用欧拉定理来证明,边际产品乘以相应各要素的量,则为总的净产出。(例子可见维克塞尔《国民经济学讲义》,第1卷,第127—128页。)在谷物模型中这一点显而易见。如果我们少雇用一名工人,等于平均每人用量的谷物种子就释放了出来,并重新分配给了剩余劳动力。劳动的边际产出等于人均净产出减去由于谷物种子的释放而增加的净产量,也就是说,减去谷物的边际产量乘以谷物/人。总的净产出则等于劳动的边际产出乘以劳动量再加上谷物种子的边际产量乘以谷物量。关于每一要素的数量单位,我们采用边际生产力为单位来表述。我们在这里用工作人年(一个人在一年内完成的工作量)作为劳动单位,吨作为谷物种子单位。

② 在很多新新古典模型中,这一概念也适用于技术进步。比如说:"资本由大量相同且永不磨损并可以放在一起的梅卡诺组合玩具(meccano sets)构成……在历次版本的说明书中吸收进了最新的技术创新"。斯旺(T. W. Swan),《经济增长与资本积累》(Economic Growth and Capital Accumulation),载《经济学文献》(Economic Record),1956年11月。

③ 参见帕西内蒂,《资本理论中的技术转换与回报率》(Switches of Technique and the Rate of Return in Capital Theory),载《经济学杂志》,1969年9月。

单一商品假设才可能界定劳动的边际产出;其他假设,尤其是含义不明的要素可替代性以及劳动相对于劳动需求的长期稀缺性,都是用来支持工资趋向于等于边际产出这一命题。

即使有了所有这些限制条款,我们仍然无法肯定地说,从社会整体的角度看,单位资本的回报相当于单位投资的边际产出。

我们现在考虑在谷物经济中、在劳动不变条件下的维克塞尔资本积累过程。每一年,人们都会将谷物净产出的一部分储存起来,并添加到准备来年使用的种子周转库存中。根据这一模型的规则,人均使用的谷物种子,来年多于今年,人均净产出来年高于今年,尽管比例较小,谷物工资来年也高于今年,但每吨谷物的回报在减少。现在比较一下两期的情况,从前期到后期,谷物存量有了可观的增加。凭借每年数吨的谷物,长期保持的谷物净产出(固定工作量条件下)后期高于前期。产出的这个增量可以说成是投资的结果。在谷物经济中,投资生产率(一般来说比较模糊而且复杂)[1]可以清楚地表述为,在这一时期,由储蓄转投资而导致的净产出增量与谷物种子增量之比。

每一年每吨谷物种子的回报都等同于现有库存的边际生产率。这个回报率在第二期低于前一期,工资水平相应也高于前一期。第二期的全部净收入等于初期的收入加上投资增量。就初期的收入水平而言,工人获得的恰好是谷物种子所有者失去的部分;收入的增量也要划分为与新状况相称的工资和利润。因此,由投

---

[1] 参见上文,第33页。

五 非货币模型

资而产生的收入增量,部分由工资构成。① 在积累过程的每一点上,利润率(等于谷物资本的边际产出)都低于过去一段时期中的投资产出。

关于这一主题的讨论,始于维克塞尔本人并一直延续到现在,②从社会整体的角度看,对应于不同的利润率(伪生产函数)的均衡状态之比较与累积过程随时间推移而产生的效应,以及财富所有者享有的回报(等待的回报)与投资生产率的回报之间,存在诸多混淆之处。单一商品经济假设让我们能够对这些差别进行分类,尽管这个假设往往混淆了这些差别。

货币与"现实力量"

上述这些模型都是严格意义上的非货币模型,模型意味着在没有交换媒介的条件下也能运行。在这个意义上,对工业经济来说,基本不存在建立非货币模型的可能性。在工业经济中,工人并不拥有他们操作的生产资料,工业经济是专业化经济,货币媒介就是支付给工人的一般购买力,在此意义上,专业化经济一定存在货币。③

---

① 这就是"维克塞尔效应"(Wicksell Effect)的最初含义,见乌尔(C. G. Uhr),《维克塞尔百年论评》(Knut Wicksell, a Centennial Evaluation),载《美国经济评论》(*American Economic Review*),1951年12月。我借用了这一术语——这或许不符合惯例——以表示差别利润率条件下给定资本品实物存量的价值差异。

② 参见上文,第15页。

③ 由冯·诺伊曼或者斯拉法建立的模型不需要提及货币。技术条件和利润率决定了全部相对价格。工资可以用实物表示(虽然工资同样可以用货币工资率和货币价格水平来清楚地表示)。然而,这些模型只是表示均衡关系的方程组,根本不能用来讨论寓于其中的人类行为。

从这个意义上看,马歇尔模型、维克塞尔模型和庇古模型都是货币模型。在凯恩斯对其发起抨击的正统学说中,"货币"一词的用法含义更广也更模糊。总的来说,决定商品和生产要素相对价格的"现实力量",与引发一般价格水平和国民收入发生变动的"货币"力量,有着天壤之别。因此,"货币"作为与"实际"相对的某种东西,具有广义的形而上学含义,同时,作为一种通过黄金供给和银行体系的制度及政策而运作的事实上的货币安排,货币又具有狭义的确切含义。因此,正统学说(虽然很少陈述准确)暗示"现实"力量建立了均衡,而类似通货膨胀和失业这样的偏离常规的现象,都是"货币的错误",可以由货币当局的正确政策加以规避。

马歇尔根据折现率和长期利率表达了货币与现实力量之间的关系,维克塞尔根据货币利率和实际利率也表达了货币与实际力量之间的关系。(正如我们所知,长期利率或者实际利率等同于资本利润率。)实际上,这一主题可以用我所称之的庇古模型进行阐述,庇古模型是静态模型,在这一模型中,利息率由等待的报酬决定,也就是说,在这一模型中,利息率按照食利者意愿拥有的现存财富的数量决定。在货币是正在使用的交换媒介这一意义上,这一体系就是货币体系,但货币体系不能对其中的任何实际关系产生任何持久效应。①

---

① 在凯恩斯之前,新古典经济学框架中,关于工资议价对收入分配的效应的讨论非常混乱。庇古本人也是经过了一番斗争之后,才转变了最初的观点:即货币工资率起初只是影响货币价格,而不影响实际工资。参见《与失业有关的货币工资》(Money Wages in Relation to Unemployment),载《经济学杂志》,1938 年 3 月。不过,实际上这一观点对他自己的体系至关重要。如果价格等于边际成本,那么,货币工资率的全方位提高,将会同比例提高全部边际成本,也必然会引发货币价格的相应提高。基于他自己的模型而设想工资议价是按实物进行的,是一个错误。

五 非货币模型

在庇古的静止状态中,利润率等于由等待的回报所决定的利息率。货币工资率和利润率决定了所有的价格(给定技术条件)和国民收入的货币价值以及全部财富的货币价值。交换媒介的供给等于对交换媒介的需求。我们称之为现金供给。于是,实际利率和货币利率理论可做如下表述。假设在一个均衡状态下,现金可以在收入没有发生任何变动的情况下任意增加。在现有价格水平下,多出来的现金无法找到持有人。因此合乎逻辑的推论是,有息债券的价格会提高。现在,利息率降低到均衡水平之下,食利者的所得低于等待的报酬,并持有更多的名义财富总额。他们开始动用资金以便增加消费,同时,企业家发现,利息率在降低,利润率却在提高,由于商品需求在增加,因此企业家想扩大自己的投资。两个竞相争抢劳动力的部门推动了货币工资的上涨。要到现金需求的增长吸收完了均衡利率水平下额外的货币供给之后,工资和价格的上涨才会停止。(马歇尔和维克塞尔也这样周全地讲述了这种情况。但他们并没有对利率的上升不会以这个讨论所要求的迅速而简易的方式引致货币工资率的下降发表意见。)

然而,这种讨论问题的方式是没有道理的。静止状态基本是永恒状态,不具备处理意外事件的能力,只能用于各种均衡状态的比较。基于这种分析我们只能说,在庇古的静止状态中存在一个与每一货币工资率水平相适应的现金存量。只要工资率与现金存量不协调,该体系就不会处于均衡状态。

黄金增长期的货币

这一论点可以扩展至稳定增长模型（随着时间的推移正常利润率不变）。其中，有效劳动力以稳定的速率增长，企业家大致在按相同的速率进行积累。用货币计量的工资总额也按相同速率在上涨。如果有效劳动力的增长只是人数的增长，那么货币工资水平不变；如果人均产出在增长，货币工资就必须一步步上升以保持价格水平不变。（由于哈罗德意义上的技术进步是中性技术进步，因此，资本价值与产出价值之比固定不变。）现金供给也必须随着工资总额变动的相同速率而增加。如果企业从银行借款来弥补本月投资和上月存留之间的差额，银行体系又允许现金供给适度扩张，这一切就会自动发生。居民收入的储蓄比例不变，企业为投资拨付的利润留成比例也不变。在每一个时期，被安排用于购买证券的居民储蓄再加上利润留成，足以为上期投资提供资金支持。银行借贷满足了投资价值从一个时期到下一个时期的增长要求，货币数量按与资本存量货币价值的相同速率增长。利息率固定不变，资金供给随资金需求的增长而增长。

这个体系不是一个均衡体系，这里并不存在一个让其按现有路径发展的机制。提出它的唯一目的，就是看看到底在什么地方容易出错。

五 非货币模型

"现实"不稳定性

黄金增长期的扰动源(sources of disturbance)并不仅限于货币体系的运行。凯恩斯打破了旧有的二分法,他指出,绝对不能依赖"现实"力量去建立均衡,但可以依赖运行良好的货币体系。的确,货币体系可能促成了扰动,当然货币管理或许可以在抑制其他缘由引发的扰动方面有所作为(虽然不可能做太多事情),但总归会有无论是好是坏的些微影响。商品贸易方面的供给与需求,非可控私人企业的投资不稳定性,货币工资率与货币价格的相互作用等等,都是经济中的扰动源。如果"现实"力量运转正常,那么,让货币体系运转正常也不是什么难事。

旧有的二分法仍常出现在现代理论中。芝加哥学派用一种奇特的(精巧的)形式复活了旧有二分法。① 这一观点是说,如果按实物计算或者按货币计算的国民收入,以平稳的速度稳定增长,人们就会发现,货币存量也按相同速率增加(至少可以找到一个货币的定义,使之成为现实)。因此,为使货币存量稳定增长,很有必要保证国民收入的稳定增长。这样,认为现实力量趋于建立均衡的非货币理论,在货币才是唯一重要东西的学说中,达到了登峰造极的理论高度。

---

① 米尔顿·弗里德曼(Milton Friedman),《货币政策的作用》(The Role of Monetary Policy),载《美国经济评论》,1968年3月。重刊于《货币数量论》(*The Optimum Quantity of Money*),芝加哥:Aldine Press,1969年。

六 价格与货币

与任何恒等式一样,$MV \equiv PT$,即典型的货币数量理论公式,也必须有其术语定义,以便人们掌握。凯恩斯的恒等式:
$$Y \equiv C + I \equiv C + S; S \equiv I$$
有一个很大的优点,即都对应于国民经济核算体系各个栏目,诸如收入、消费、投资以及储蓄。(其中,Y、I 和 S 是折旧净值,预算与外汇结存要么适当归入了 S 和 I,要么分列,这个公式没有问题。)事实上,为了能够说服批评者 $I = S$ 而不是 $S + \Delta M$,凯恩斯接受了现代国民收入账户体系。① 不过,数量方程中的各个要素并不怎么清晰。M 被定义为某一时刻某一特定项目的现有数量,比如硬币、票据和银行存款(不论是否包括还是只包括活期账户)。T 是一个交易指数——它包括一年内所有的交易,或者,只包括与实际国民收入的生产和分配有关的交易? 同样,P 是一个一定与各项交易相称的价格指数。V 是指将 M 包括在内的货币流通速度,仅仅指 PT/M。或者,如果 M 是指所有与 T 的交易项相关的各种货币,V 是每个交易项一年内使用货币次数的平均数,那

---

① 参见《通论》,第 102—103 页,以及埃尔温·罗特巴特为《如何为战争付款》撰写的附录。

六 价格与货币

么，M 就是 PT/V。所谓的剑桥方程式 $M/P = kR$ 则更加索然无味，式中，R 是"资源"（估计是实际收入的指数），K 是货币余额与"资源"之比，公式只不过是说，货币存量的实际价值就是名义价值除以一个适当的价格指数。

人们打算以一种更为轻松的方式，用明显的事实来呈现因果关系，比如 $\Delta Y = \frac{1}{S}(\Delta I)$，式中，$s$ 是边际储蓄倾向。如果我们按照通常的方式来理解这个货币数量方程，即因变量在等式左边，自变量在等式右边，虽然相当模糊，但也不至于荒谬。假设在当年和来年之间，PT 上升：要么生产活动增加——比如今年的就业和产出高于去年，要么因为货币成本的增加使得一般价格水平上升，那么，如果货币数量没有增加，流通速度肯定就加快了。但是我们不能这样考虑问题。通常，这一观点是基于货币数量的变化将使价格水平或多或少按比例发生变动。

我认为该公式的支持者并非真的相信这个公式，因为如果他们相信这个公式的话，他们就会加入大萧条时期迷信货币的人（money cranks）之列，并且声称："所有事情都可以用一支钢笔搞定。"

这个等式给人感觉有些可疑（left-handed）的原因在于，它是与一整套以"实际"语言表述的学说一起发展起来的，其中主要就是对均衡条件的阐述。就业、积累、实际工资以及商品的生产和消费，都在《经济学原理》的第一卷中得到了阐述，除了货币供给和一般价格水平之外，就没有什么留待在第二卷中讨论的了。

利息与货币理论

有几个阶段,凯恩斯放弃过货币数量论。在《通论》中,他是穿着闪亮的新衣出现的。他现在主张,为了判明一般价格水平的决定因素,我们首先必须观察货币工资率;他倾向于认为,有效需求水平对一般价格水平只有微不足道的影响,尽管这对于他的论点而言并不重要。[①] 交易量随着有效需求水平而变动,有效需求变化的主要决定因素则是投资水平的变化。

货币扮演着第二种角色。货币数量由银行体系控制。如果有效需求开始上升,随着货币余额从闲置(inactive)进入实际流通(active circulation),就会引致平均总流通速度的加快。如果银行体系不允许货币数量增加,对流动余额的需求将会拉升利率水平,从而引发 V 提高到所需要的程度,比如债券收益上升时,食利者就会将手中持有的货币转换成债券。在失业期间,增加货币数量能有一些用处。货币数量增加会压低利率,并让那些"未获满足的边缘借款人"(fringe of unsatisfied borrowers)获得融资。

相对于给定的利润预期,利息率的下降会在某种程度上刺激投资,而且,靠着股票交易所股票配置价值的支撑,就可以鼓励消费支出。这些影响将增加有效需求并因此增加就业。

利率水平的主要决定因素是预期状态。如果债券持有人清楚

---

① 参见《实际工资与产出的相对变动》(Relative Movements of Real Wages and Output),载《经济学杂志》,1939 年 3 月。

六 价格与货币

地知道在短期变化后,很快会恢复到他们预期的正常收益率,银行体系就无法将利息率从他们预期的水平下调。不确定性或者"[看涨看跌]两种看法"的存在,才使银行具有了操纵货币市场的可能性。但是,即使利息率可以朝所需要的方向移动,可能也不会产生太大的效应。对有效需求波动的决定性影响,就是利润预期的波动。

这是这一主要观点的要旨。但凯恩斯的思想并不一直都是这么明确、清晰且一以贯之。他对货币因素的注重程度,在他分析的各个地方不尽相同。在他关于未来没有战争、人口增长或重大发明的乌托邦幻想中,他预见到一个世界,在这个世界中,积累的需要已经进入尾声,投资的社会回报和投资的私人利润率都将降到低点。如果利息率也相应降低,食利者的无疾而终将消除资本主义最坏的恶习(尽管仍然能在股票交易所的投机中找到乐趣)。但是,对利息率来说,可能还存在最后的底线,这样利息率可能在下降过程中卡在一个较高水平上,因此而无法进入复乐园(paradise regained)。这种观点确实有点抬高货币体系了,倒不是因为这个概念,即流动性偏好最终可能会遏制积累,而是因为那个大家默认的假设,即利息率的连续下降可能会使积累面对利润率的下降而持续进行。(我还记得,在我阅读《通论》的校样时,读到第17章,我致信凯恩斯说我第一次发现这个观点很难理解,凯恩斯的回复是,实际上他对此并不感到惊讶,因为他发现自己也很难理解这个观点。)

凯恩斯在涉及当前短期情况的主要论点中,在逐渐摒弃"货币"理论的同时,又赋予了货币极为重要的地位,甚至在他的书名

《就业、利息和货币通论》中也得到了体现。这有三个理由：第一，他是从《货币论》(A Treatise on Money)和《货币改革论》(A Tract on Monetary Reform)开始讨论这一论点的。* 按照这一惯例，他将一般价格水平与"货币"联系在一起考虑（与《经济学原理》第一卷中将一般价格水平与发生作用的"现实力量"联系起来刚好相反）；他正是从这一方面提出了有效需求问题。

第二，他受到他本人参与其中的某一特定历史事件的影响。在1931年英镑脱离金本位之后的几年时间里，对外交易强劲发展，国内利率水平也不再受国际储备的影响；1934年，金边债券利率（gilt-edged rate of interest）依然相对较高（依据当时的标准），经济仍然不景气，同时，有一大笔转换业务（conversion operation）正好到期。凯恩斯在任职全国互惠人寿保险协会会长**期间的一次演讲中就提出，利率太高，应该降下来。金边债券价格应声而涨；这就有助于英格兰银行（即便没能说服他们）在一段时间内实施了相对廉价货币政策，并推动了住房建筑业的繁荣，因此在世界经济远没有走出衰退的情况下，住房建筑业的起步稍微缓解了这个国家的局面。

这一事件坚定了凯恩斯的信念，利息率是一种货币现象，不受"现实"力量的约束，或许就在此时，他获得了一个利率万能的夸大印象。

---

* 《货币改革论》(A Tract on Monetary Reform)，1923年；《货币论》(A Treatise on Money)，1930年。——译者

** 1921—1938年，凯恩斯任英国互惠人寿保险公司（National Mutual Life Assurance Society）董事长。——译者

第三,在他必须进行攻击的正统经济学体系中,与投资回报率混淆的利息率,是造成储蓄用于投资并促成充分就业均衡的调节机制。为了获得发言机会,他不得不在这一观点上做了所有可能的让步。一开始就假设一个固定利息率以及一个完全弹性的货币供给,是一件再简单不过的事情了。不过之后,他的整个主张都因为对正统观点的误解而遭到弃置。为了从内部推翻批评者的主张,他不得不接受了他们的假设。

反革命与复辟

《通论》的学说(虽然如凯恩斯所说,是"适度保守")让人们感受到了震撼。但凯恩斯在利率问题上对正统理论所做的让步,使他的思想体系展现出温和的一面,并转而使之成为货币数量理论的变形。

希克斯教授(现在是约翰爵士)带着 IS 和 LM 曲线率先进入了这个领域。他构建了一个图形,其中,纵轴表示利率,横轴表示国民收入。纵轴代表了各种贷款和筹资利率的综合水平指数。凯恩斯本人也使用这种习惯做法,尽管他不时提醒读者说,这是对一个复杂概念的高度简化,但他还是以利率为依据进行了很多论证。横轴标记的是收入,大概意指国民净收入(在封闭性经济体中),虽然这个论证似乎需要按不变价格(或者以工资为单位,或者以就业产出为单位)来计算国民生产总值。

IS 曲线向右下方倾斜,表明产出是利率的减函数。与 IS 曲线相对应的产出水平线表示的是消费倾向;也就是说,对于每一条

I 水平线，即年投资率（净投资还是总投资？）而言，都对应于某一具体消费水平线。这里说的其实就是乘数（指在没有时滞的情况下，投资率的增加带来消费的增加之关系），虽然在图形中，乘数似乎是指消费与收入的平均关系。毫无疑问，定义中的这些关键点可以说清楚，但有一个更为重大的难点。投资率是利率的函数表达了什么含义？

凯恩斯的观点是，在较为有利的条件下，相对于给定预期利润而言，利率的下降会使投资率增加。这是他的观点中较为模糊的一部分。卡列茨基为之作了修订并据以表明，在给定预期利润前提下，资金的增加和减少会提高不久的将来要实施的投资计划的可能性。如果事情照此进行，接下来，随着投资增支计划的实施，乘数开始在增加消费方面发挥作用，企业的当前收入也开始上升。假设他们的未来计划受到当前经验的影响，据此可知，投资将进一步增长。这种情况将会产生一个无法持续的繁荣，因为一段时间之后，市场竞争中生产能力存量的增长将超过总支出的增长，并因此而降低每单位产能的当前利润，从而使进一步投资的预期利润率必然恶化。

有时候，凯恩斯常常以一种令人困惑的方式将未来塞进了当前。他对繁荣的描述就是说，随着生产能力供给的增加，高投资率会引致预期利润的下降。[①] 但有一件事他从来没有说过，即利率水平持续低下将引发投资率持续高企。

现在我们考虑图形中的另一条曲线——向右上方倾斜的 *LM*

---

① 《通论》，第136页。

六 价格与货币

曲线。这里的因果关系反过来了——较高的产出水平引致较高的利率水平。很明显,这里的货币(黄金抑或贝壳?)数量严格固定不变,而且,没有这笔货币,交易也不可能发生。因此,产出越多,就需要更多的货币进入实际流通,但因此可以满足流动性偏好的货币就会偏少,这样也就与较高的利率联系了起来。

由此可见,简单化地用利率来替代可获融资之条件的说法不太可信。我们能设想,繁荣时期的贷款难度超过萧条时期吗?货币史上有一个众所周知的教训(凯恩斯也经常反复提及)就是,流通领域中的货币数量减少将导致信心的崩溃以及利率的提升,反之,在货币数量宽松时期,过高的利润预期将会影响放款人和借款人双方的信心。

但在这个框架中,*LM* 曲线是收入水平的增函数,*IS* 曲线是利率的减函数。利率水平线和收入水平线在图中相交之处,就是与给定的固定货币数量相对应的均衡位置。这样我们就有了最纯粹的货币数量理论。如果均衡位置的收入水平低于相应的充分就业水平,货币当局就可以增加货币供给,这样,*LM* 曲线向右移动,直至与 *IS* 曲线在充分就业水平上相交为止。但是现在,引入了凯恩斯的长期推测(long-run speculations)。利率或许不会下降到最低水平线之下,但利率下降会使货币供给有更多增长。如果这条水平线处于以 *IS* 曲线表示的利率水平之上,货币政策就无法单独发挥作用。这也是流动性陷阱理论的一个体现。(如果将凯恩斯本人的思想放进这个图形中,由于 *IS* 曲线取决于预期利润,所以图形显示 *IS* 曲线是一个不稳定因素;通过货币手段无法达成充分就业的情况,这种情况将通过 *IS* 曲线的陡然下降并与左移的充分就业收入轴相交而表现出来。)

流动性陷阱的概念源自用货币数量理论来解决失业问题。按照最简单的货币数量理论,商品的货币需求弹性等于单位弹性,因此,货币数量的增加将导致商品价格的同比例上升。但是,在凯恩斯之后又引入了限制条件,即债券的货币需求或许具有高度弹性,因此,增加的货币量会被储存起来,不会提高商品价格。以此为基础,出现了一些让人困惑的观念,比如价格下跌有利于贸易的看法,原因是,由于提高了固定货币存量所代表的实际财富的量,价格下跌鼓励了消费。这一繁复的思想以某种方式与瓦尔拉斯的新古典理论相重组,并用来医治因大萧条而对自由放任的正统理论造成的创伤。

阿克塞尔·莱琼霍夫德(Axel Leijonhufvud)的《论凯恩斯学派经济学和凯恩斯的经济学》(*On Keynesian Economics and the Economics of Keynes*)一书非常有用,因为他严守货币理论框架,用该学派的解释的内在矛盾摧毁了这一解释,并清除了大量的糟粕。

芝加哥学派

当凯恩斯为《通论》字斟句酌的时候,芝加哥大学也在对货币数量理论进行详细阐述,较之"剑桥"版本的空洞无物,芝加哥大学版本更为坚实和自信。1934年,西蒙斯(Simons)还坚持认为,大萧条有两个主要原因。第一,工会在劳动市场行使垄断权力,因此货币工资率不会下降;第二,"毫不夸张地说,当前危机的主要直接

六 价格与货币

因素,就是商业银行体系"[1]——理由是,任何企业赢利活动都会导致信用的扩张或者收缩,从而带动价格的上升或者下降。PT 的不稳定就是基于 MV 的不稳定。他提出的补救办法是,银行要有100%的储备,这样一来,政府就可以完全掌控住货币供给。最好的办法或许是保持 M 不变,但这很难做到:"正如任何单一规则的货币政策一样,固定货币数量理论也有明显的缺点,这就是周转速度出现急剧变化的危险,因为在面对货币囤积和货币抛售的极端变动过程中,没有哪种货币体系可以有效发挥作用或在政治上幸免于难"[2]。正确的规则就是保持"某些价格指数不变,最好是竞争性商品的价格指数不变"[3]。

这么简明的东西却让米尔顿·弗里德曼领头的现代芝加哥人弄得莫测高深。他们的大部分工作都放在了对美国的货币供给和国民收入变动关系的历史考察上。如果我们从右边开始解读等式,就可以采用货币数量论术语来阐述二者的相关性。因此我们才能提出,经济活动水平的显著提升,很可能是货币供给增加(假设 M 是广义的)或者流通速度显著加快(假设 M 是狭义的)的结果,因为工资总额和流动资金借贷的增长,很可能先于产出价值的增加而出现在统计表中。或者说,经济活动水平的急剧下降足以让银行失去优质借款人,并迫使他们紧缩头寸。但芝加哥传统却

---

[1] 亨利·C. 西蒙斯(Henry C. Simons),《自由放任的积极计划》(A Positive Program for Laissez Faire),重刊于《自由社会的经济政策》(*Economic Policy for a Free Society*),芝加哥大学出版社,1948年,第54页。

[2] 《货币政策中的规则与权威》(Rules Versus Authorities in Monetary Policy),见《自由社会的经济政策》,第164页。

[3] 同上书,第183页。

坚持要从左至右阅读公式。这样一来,除了后发者因之而发(post hoc ergo propter hoc)以外,对被观察关系所作的解释根本没有进行任何假设。

弗里德曼的思想中有一个超凡而且神秘的因素①,即在某种程度上,仅仅是货币存量的存在就可以推动支出。但他提出的一个清楚易懂的理论是由借自凯恩斯理论的诸多因素构成的。② 比如,经由公开市场操作使信贷基础扩大,银行就能满足部分"未获满足的边际借款人"的借款需求,或者以更优惠的条件向外放款;部分额外的银行贷款还会进入各类金融中介,还有部分贷款会进入债券市场。利率的普遍降低会推动股市走高。这就使投资计划得以按照不同的方式实施,否则会因无法融资而受挫,除此之外,资金的宽松也鼓励了购买行为,尤其是购买耐用消费品的行为;随着募集资金价格的上升,食利者也减少了自己的储蓄,从而使投资和消费都因为轻松就能获得贷款而实现。因此,在其他条件都相同的前提下,货币数量的增加促进了经济活动的增长。

弗里德曼与凯恩斯的区别不是在理论分析(就清楚明白而言),而是在强调的重点。弗里德曼学说的一般含义就是货币非常重要,货币不是不稳定的征兆,而是不稳定的原因。他一度似乎还提出,正确的货币政策管制可以稳定经济,但在后来的表态中他又主张,货币当局很难恰到好处地执行正确的货币政策,而错误的货

---

① 参见《最优货币数量》,第一章。
② 参见唐·帕廷金(Don Patinkin),《芝加哥传统、货币数量论和弗里德曼》(The Chicago Tradition, the Quantity Theory and Friedman),载《货币、信贷与银行业》(Journal of Money, Credit and Banking),1969 年 2 月。

六 价格与货币

币政策会放大不稳定性;因此,最佳货币政策就是恰好保持货币数量的增长比例(比如保持每年 4% 的增长),如果经济增长率与此相当,这会是一个合适的比例。① 其实这是对西蒙斯所说 M 应该是一个固定常量的回归,由于这一观点也顺应了现代增长理论,因此弗里德曼毫不犹豫地推荐了这一观点。②

凯恩斯的与流动性偏好有关的利率理论,被这两个学派用这种或那种方式扭曲成了货币数量理论。货币数量理论的本质在于,M 是一个可定义、可识别的量,M 的运动对 PT 的运动具有强大的影响力。一言以蔽之,两个学派的全部论点就是阅读货币数量方程应该从左至右,而不是从右至左。*

就业理论

当然,凯恩斯本人并没有与他自己思想的伪传人进行争论。他不得不与基础更为深厚的旧正统思想进行战斗。就像丹尼斯·罗伯逊用"可贷资金的供给和需求"的分析混淆了"生产力和节俭的实际力量"的观点那样,希克斯也把他的纯货币的解释作为"古

---

① 参见上文,第 75—76 页,弗里德曼,《最优货币数量》(*The Optimum Quantity of Money*),第 48 页。

② 弗里德曼本人认为西蒙斯一直是一位凯恩斯主义者,并认为西蒙斯低估了货币数量的重要意义。参见《货币理论与亨利·西蒙斯的政策》(The Monetary Theory and Policy of Henry Simons),载《法律与经济学杂志》(*Journal of Law and Economics*),1967 年 10 月;重刊于《最优货币数量论》。

* 即货币数量决定物价水平,而不是物价水平决定货币数量。——译者

典"理论而混淆了问题。旧的正统学说植根于萨伊定律之中。"构成商品支付手段的东西仅仅是商品。各人用以购买他人产品的支付手段是由他所拥有的东西构成的"。① 或者如马歇尔所说：

> 一个人的全部收入就是要用于购买服务和商品。当然正如人们通常所说,一个人会花掉自己的部分收入,并储蓄其余部分。然而,我们熟悉的经济学公理告诉我们,一个人用他储蓄的那部分收入来购买劳务和商品,与他使用打算用于消费的那部分收入来购买商品的情况完全相同。在他想要从他所购买的劳务和商品中获得当前享受时,我们就说他在消费。在他用所购买的劳务和商品投入财富的生产以期获取未来的享受时,我们就说他在储蓄。②

储蓄提供了用于投资的诸如劳动和生产资料等实际资源。(马歇尔也同意这样一个说法,即在信心崩溃时,市场机制会失去效用,但他在财政部供职的门徒们没有跟上这个思路。)近期的新古典经济学使旧的正统学说的基础比它在凯恩斯试图修正它的那个时候要清晰得多。在他们的模型中,他们很明确地认为,存在且一直存在正确的预见,否则"资本"具有延展性,过去可以(不要成本地)取消并带入未来的均衡之中；简言之,他们取消了时间。但这样并不

---

① 约翰·穆勒语,引自马歇尔《经济学原理》,第710页。
② 《国内价值纯理论》(*Pure Theory of Domestic Values*),1879年,重刊于珍稀论著丛书(Scarce Tract series),伦敦：伦敦政治经济学院,1930年,第34页。

六　价格与货币

足以保证就能达成充分就业水平。他们还必须假设,工资谈判按照产出来谈,这样,实际工资率就可以找到"资本"存量收缩或扩大以雇佣现有劳动力的那个水平。凯恩斯理所当然地认为,在工业经济中,工资率由一般购买力决定,这样他就把这个论点从永久均衡的模糊领域带入了这个拥有无可挽回之过去并面对不确定之未来的当下。这样,货币作为"现在与未来之间的关联物"进入了讨论。与货币、信用以及金融相关联的关系和机制,都是我们要考虑的"实际"经济中的基本因素,只有在这个意义上,《通论》才成其为"货币理论"。

通货膨胀

在凯恩斯革命的所有结论中,对正统学说最具破坏性的是这个命题:即世界上就没有价格总水平均衡这回事。工业经济中的价格水平是一个历史的偶然。无论何时,价格水平的主要影响因素是货币工资率水平,无论何时,货币工资率水平都是遥远的过去或者不久前所发生的运动的结果。当然,长期内,由于生产率的变动,或者短期内,由于利润率水平(垄断的程度)的变动,价格或许也会相对于货币工资率而运动,但是,影响实际工资水平的这些运动,被技术水平和市场关系限制在一个狭小的范围内,而货币工资水平和价格水平不受任何事情的约束,可以在没有任何限制的条件下发生变化(至少是升高)。

凯恩斯抨击的正统理论主张认为,货币工资率的减少意味着实际工资的下降,实际工资的下降导致就业的增长。① 凯恩斯的观点并不是由冒牌的凯恩斯主义者们强加给他的那个说法——由于制度的原因,货币工资率具有刚性。凯恩斯的说法是,如果在经济不景气的时候削减工资,情况会变得更加糟糕,因为这会导致价格下跌以及预期的进一步下跌,投资会因此受到抑制,同时,资产的货币价值的下跌会降低信用的有效性(the availability of credit),并可能使银行破产。②

正统学说也不是全无道理:如果一个国家能够相对于他的贸易竞争对手,成功地降低自己国家的货币工资率,这个国家就获得了竞争优势。这是一种"损人利己挽救失业"的方法。凯恩斯指出,通过汇率贬值这种痛苦较少的方法,也可以获得同样的竞争优势。

凯恩斯紧接着考察了有效需求不足的原因和后果,也为通货膨胀的分析提供了基础。尽管他本人持乐观态度,但《通论》的观点表明,要矫正资本主义的主要缺陷,还要让其机制的其他部分完好无损,绝不是件轻而易举的事情。显而易见,持续性充分就业将伴随着币值持续性下降,从而瓦解整个体系的基础。然而,这种情形所引致的价格上涨,本身并不能产生持续性通货膨胀。出售给公众的商品价格上涨,会减少家庭实际收入中用于消费开支的部

---

① 参见《麦克米伦金融业与产业委员会报告》(The Report of the Macmillan Committee on *Finance and Industry*),1931年,格里高利(T. E. Gregory)撰写的附录 Ⅲ。

② 参见凯恩斯:《币值崩溃的银行后果》(The Consequences for the Banks of the Collapse of Money Values),1931年8月。重刊于《劝说集》(*Essay in Persuasion*),伦敦:麦克米伦出版公司,1951年,第168页及以下。

六　价格与货币

分,增加增值利润的份额。通货膨胀的直接效应,在企业与居民之间实际收入分配的变化过程中消耗殆尽。但为货币收入的变化打好了基础。推动通货膨胀有两个渠道——经由利润的渠道和经由工资的渠道。如果企业预期利好形势会持续,他们可能会加快投资计划的实施;股息可能会增加;股票价格可能会上涨,并因此引致资本收益的上升;从而增加食利者货币意义上的收益。更直接的影响是,工资谈判中的均势转移到了工人一方。看到利润前景不错的企业,不愿意引起工人的罢工;同时在就业率普遍较高的环境里,也出现了某些类型的劳动极度匮乏的情况;再加上近来的生活成本也开始上升。因此,某些群体的货币工资率赶上或者超过了价格的上涨,这就使得另一些群体强烈要求自己的工资与他们的工资增长相匹配。这样一来,货币收入和支出的上升增加了需求,工资率的上升增加了成本。最初价格上涨的效应落空,价格再次上涨。

将"需求拉动"和"成本推动"之间的区别应用于商品市场,意义不是很大,但将这个区别应用于劳动市场,就有了极其重要的意义。对劳动的过度需求造成了企业相互抢夺人手的局面,从而经由各种手段将有效工资提高到超出与工会达成一致意见的工资水平。当然,这也造成了有利于提升协议利率的局面。因此,需求拉动促进了成本推动。真正的成本推动只有在存在失业且劳动需求不强烈,但工会仍然推行提高工资率主张的情况下才能出现。

工资与物价恶性螺旋上升的趋势可能会对实际工资水平产生影响。如果运动始于价格(比如,作为有效需求大幅上升的结果,或者,作为间接税增长的结果),货币工资赶上价格上涨不太可能。

如果运动始于工资,价格的调整就会滞后,因此至少在一段时间内实际工资会有所改善,至少对那些组织良好的工人群体是这样的。(所谓收入政策的主要困难之一就是说服工会相信,他们不可能从货币工资率上涨中获利,虽然在某种程度上,他们能够获利。)

在通货膨胀的情况下,凯恩斯关于工资与汇率关系的观点也呈现出了全新的意义。一个国家的货币工资率相对于人均产出的增长快于其他资本主义国家,很容易出现经常账户的贸易逆差;这就让人对这个国家产生了怀疑并使国际收支账户出现逆差。货币贬值,就其纠正贸易逆差的有效性而言,增加了通货膨胀的压力,也让工资上涨过快,从而使利得丧失殆尽。于是,出现了工资与汇率以及工资与价格的第二波恶性循环。

持续性通货膨胀必定迟早会削弱人们对本币的信心,并导致恶性通货膨胀的预测结果被夸大。事实证明,这个体系能够不断适应币值的持续性下跌。尽管如此,其后果还是极为令人沮丧。只要每个人都认为自己在收入分配中的地位是命中注定的或是缘于自己的长处,那么市场经济形成的收入分配可以容许。如果人们逐渐明白,个人的相对收入主要由他们所属群体的谈判地位决定,这个体系的伦理——诚实工作得到合理的工资——就崩塌了,行业纪律的基石也被毁坏,公共服务的传统也让位于对利益的全力争抢——即使是医生和学校教师,也因为自己的地位受到削弱而恼怒,并为了获得更多薪酬而争斗。

通过防止整体货币收入的增长快于整体实际产出的增长来抑制通货膨胀的收入政策,要求人们普遍接受各种工作的某些报酬模式。一旦传统受到质疑,就没有了令人信服的标准来决定这个

六 价格与货币

政策应有的内容。尤其是认为富人提供储蓄，所以社会需要富人的旧观念受到质疑以来，还有什么可以接受的标准能够决定在工作和资产之间进行一般性分配。此外，就算可以找到一个能够为人所接受的收入政策，要实施这个政策，也需要工人和雇主之间的传统力量发生双方都能够接受的根本变化。或许可以将货币数量论这样令人难以信服的学说的现代复兴解释为回避一个令人不安的想法，即一般价格水平已经成了一个政治问题。

卡列茨基对《通论》的解释甚至不如凯恩斯乐观。他预见到了一个政治经济周期（political trade cycle）；政府会在通胀恐惧和失业恐惧之间摇摆不定；这种交替循环会掩盖积累的总趋势。"'政治经济周期'体制是对存在于19世纪资本主义世界的那种情况的人为复辟。充分就业只有在繁荣达到顶峰时才能出现，但萧条却相对温和而短暂"[①]。这里有必要多说一句，随着时间的推移，这个体制似乎越来越难掌控经济的增长。在价格高度活跃时期，货币收入会增长。但在经济不景气时期，货币收入也不会下降，事实上还会继续上涨。低百分比的统计失业率足以维持物价稳定的学说根本站不住脚，只要工会听到公开讨论这个问题，就会决心证明它是一种错误的学说。需求下降就压低价格的看法，也让人半信半疑。由大企业决定的边际利润与静态理论中的纯垄断价格不相符合。企业基于某种正常的或者标准的平均产能利用率水平，精心计算出了能获取满意回报的利润水平。销售量的下降

[①] 《充分就业的政治方面》（Political Aspects of Full Employment），载《政治学季刊》（*The Political Quarterly*），1943年10月/12月号。

会提高单位成本。但卖方并没有降低价格的动机,反而觉得应该提高价格。因此,政治经济周期就是由价格上涨的长期趋势叠加而成。通货膨胀对利润很有好处,因为超额回报就出自生产成本的"增加值",即随时间推移出现的额外要素。本期购买的股票,只是因为在后一个时期出售,就可以卖出更高的价格。按今天的工资率支付的劳动产品,要与按更高工资支付的产品进行竞争。如果基于对通货膨胀会持续的预期,引发了计划投资和债务,那么,抑制价格上涨就会引发严重的金融困境并引发经济大幅下滑。通货膨胀的经济就是一种骑虎难下的状态。

这种抚慰人心的冒牌凯恩斯学说对现代资本主义的现实问题,并没有准备好什么良药。

记账单位

对于发生通货膨胀的国家的政府和大多数公民而言,持续性通货膨胀是一件糟心的事情。对于会计师和经济学家来说,持续性通胀也是一大麻烦。通货膨胀破坏了"一分钱当一分钱用"的规矩。货币购买力必须与使用货币的时间相关联;与货币购买力一样,货币的投资利润率和货币利息率也不相同。过去一个时期内实际实现的利润,会经由任何一种似乎最合适的指数计算而缩水,虽然何种指数最为合适从来不是一个简单明了的事情。这关系到记录既往历史的口述人。计划投资或者将自己财富投入股票市场的行事人则必须考虑未知的未来。指引他行为的预期,可能有根据,也可能没有根据。如果货币购买力具有一致认可的客观意义,

六 价格与货币

原本足够复杂的分析就更加复杂了。为了讨论老问题,我们采用老规矩,假定有一个针对消费品的不变的实际货币购买力和预期货币购买力,那么,资本利润率也同样具有按实际价值计算和按货币价值计算两种含义。当我们以此为基础分析问题时,我们有必要把问题再细分,才能在一个没有价值单位且意义一致并明确的世界里,讨论被纳入分析的复杂问题。

七　企业理论

在不完全竞争理论流行之前,人们讨论的是所谓的企业理论①(很多现代教科书中还有这个内容),目的是寻找"马歇尔困境"(Marshall's dilemma)的答案。② 如果竞争意味着每位生产者都可以按照现行市场价格愿意卖出多少产品就卖出多少产品,那么,为了利润最大化,只要边际成本低于价格,他就会继续扩大生产。但是,如果长期平均成本开始随着产出的扩大而下降,由于规模经济效应,边际成本就会低于平均成本。因此在一家企业形成垄断之前,不存在长期均衡的状态。为了解决这一矛盾,庇古引入了企业最佳规模的观念。根据庇古的这一观念,一家包括有"管理"这一单位生产要素的企业,在其他要素比如劳动和资本相对于这种要素的使用超过某一点之后,就会出现收益递减。在这一点上,大规模管理不经济开始出现,并抵销了专业化经济的成果。这时,企业的长期平均成本曲线呈现 U 型;长期边际成本、长期平均成本以及商品的生产价格在曲线最低点(即均衡点)相等。(这一论点非常简单,只有在一个行业的企业都生产单一同质产品的时

---

① 参见《报酬递增和代表性企业专题讨论》(Increasing Returns and the Representative Firm: A Symposium),载《经济学杂志》,1930 年 3 月。
② 参见前文,第 58 页。

候,才出现这种情况。)因此相对于企业活动于其间的市场而言,企业的最佳规模必须非常小,小到足以成立数量极多的企业,才能保持竞争的持续进行。

每时每刻,企业都按照边际短期成本等于价格来销售自己的产出并使自己的当前利润最大化。如果价格高于长期平均成本,超额利润就会引发新的竞争;如果价格低于长期平均成本,投资资金就会被转至其他行业。企业成本也包括融资利息率在内。均衡时,由于价格(以及短期边际成本)超过了平均直接成本,因而充足的边际利润使准租金(quasi-rents)得以积累至一定水平,从而为企业提供了重置资金和与基准利率相等的正常投资利润。

希克斯的《价值与资本》(在凯恩斯之后复兴正统学说过程中具有重大影响的一部著作)提出的是这个框架的变体。书中默认每一行业都有固定数量的企业,因此对每一个商品而言,价格(等于边际成本)就是产出水平的增函数。在这一体系中,由供给和需求主导的瓦尔拉斯价格,代替了包括正常利润在内的庇古生产成本。

完全竞争与不完全竞争

两种体系中的短期价格分析都是基于竞争条件,但不是模糊的马歇尔意义上的条件,而是基于完全竞争市场中无数独立卖家的严格假设,这就要求每一位卖家按现行市场价格出售的产品都具有完全需求价格弹性。每家企业都按照自己的短期生产能力进行生产(除非因为现行价格低于企业的平均直接成本而暂时停止运营)。边际成本的上升决定了产出的限度;因为如果扩大生产,边际成本将超过销售价格。

很明显,在萧条时期,由于边际成本上升,工厂不能满负荷运转;20世纪30年代爆发的那场辩论的最终结果是:企业由总成本加上毛利润决定价格;低于设计产能,每单位产出的直接成本是一个常数,或者是产出水平的减函数;如果直接成本等同于边际成本,直接成本显然大大低于价格。为了与利润最大化策略假设相一致,又引入了一个想法,即用公式 $e/e-1$ 表示边际收益与价格的相关性,式中,e 是单个卖家角度的需求弹性;但是因为 e 只能是关注价格政策的个人心中的一种计算(如果它存在的话),所以它对争论没有多少影响。①

即使是在繁荣时期,对大多数工厂而言,开工刚好达到生产能力——即将生产限制在无需广告的产出点上,也是不同寻常的。在正常情况下,似乎还是会有很多企业能够在按照现行价格销售的条件下,生产更多的产出品。消费者会根据自己的需求或品味上的习惯、近似以及实际差异,或者对推销的反应,各自寻找适合自己的对等卖家。此外,如果敏锐的卖方市场正处于满负荷运转状态,明智的做法就是允许延长交货日期,而不是用高价格来打压过度需求。因此,根据价格等于边际成本的分析体系,毛利润水平应由边际成本超过平均直接成本的超出部分来决定的说法,看来并不适用。

---

① 我本人对这次争论的贡献,可见《不完全竞争经济学》(*The Economics of Imperfect Competition*)的第二版前言。伦敦:麦克米伦出版公司,1969年。

在这种情况下，工资等于边际产品价值的看法也土崩瓦解。如果一家工厂按照平均不变直接成本在低于生产设计能力的情况下进行生产，一人轮班工作的损失就是一人平均产出价值的损失。

一般而言，在现代产业中，工资总额大约是增加值的一半。在典型情况下，劳动的边际产品价值是工资的两倍。希克斯曾经正确地指出，如果经济学理论只是意味着瓦尔拉斯一般均衡的话，放弃完全竞争假设"必定会对经济学理论产生毁灭性后果"[①]。

庇古理论中的长期方面甚至更无法让人信服。个体企业不应该将目标放在企业最佳规模上。企业的目标应该是使在任何情况下所获取的净利润流最大化。因此，每当企业发现自己拥有超过利息率的利润率时，企业肯定要进行投资，以便在未来获得更多利润。庇古的这个观点与固定"资源"的静止状态相关联；这一观点意在表明，给定资源如何在不同用途之间进行分配；资本总额不断在不同行业之间流动，寻找利润率的均衡水平。但是，一旦利润最大化企业获准进入这一情况，怎样才可能不去积累呢？

竞争过程的本质就是某些企业抢走其他企业的生意。那些经营成功的企业比整个行业增长更快，那些经营不太成功的企业会从行业里消失。庇古关于管理规模不经济的概念，或许可以应用于"企业家"属于特定个体的那类企业中。企业的发展超过了一人管理能力的范围，企业就会遇到困难。[②] 但这是一种例外的情况。

---

① 参见《价值与资本》(Value and Capital)，第83页，牛津：克拉伦登出版社，1939年。

② 参见 E. A. G. 罗宾逊 (E. A. G. Robinson)，《竞争性产业的结构》(The Structure of Competitive Industry)，剑桥经济手册系列，伦敦：奈斯比特出版社，1931年。

在任何情况下都可能会有一些人,这些人能找到令人满意的商机并能设法保持自立,但多数企业或者在成长过程中被其他企业的成长挤出这个行业,或者被并入某些更大的企业组织。

企业为什么发展?一些当代学者倾向于认为,企业发展是一种特殊的现代现象,这一现象因现代企业的管理权和财产权分离而出现,也就是说,因为企业的财产权由大批人数不定的股票持有人在法律上拥有,管理权则攥在领取薪水的职业经理人手中,因而有了企业的发展。在过去一段时间里,教科书中就是采用的这种说法。不过很显然,19世纪初期成功的家族企业与所有现代企业一样,同样热衷于发展。任何一个从事商业企业的人,自然都希望企业能存在下去(尤其是事关他自己的继承人和继任者),要生存就必须发展。生意如果兴隆,企业就赚钱;也正是这个原因,企业面临竞争的威胁;如果将全部净利润分给家人消费,是一种不负责任的行为;因此部分利润会用于增加生产能力的再投资,以供应日益成长的市场,并防止其他企业的进入,或者,如果原有市场没有扩大的话,用于多样化生产。任何一家发展中的企业都会威胁到其他企业的地位,其他企业也会通过扩张自己的生产能力进行反击,会削减生产成本,改变商品的设计,或者引入全新的推销技巧。因此,每家企业都必须大步跟上其他企业。正如我们所见,持续进行的投资就是在为盈利性销售创造机会,[①]因此,只要企业继续发展,投资就会继续进行。企业的发展由再投资利润决定,是资本主义从一开始就具有的一个特征;实际上,如果不是这样的话,资本

---

① 参见上文,第46页。

主义也不会产生。

垄断与寡头

摆脱马歇尔困境的路径是朝相反的方向。在竞争激烈的地方必然有垄断的趋向,如果实力雄厚的企业宁可保持武装中立,也不为争夺霸权而不惜最终一战,垄断的趋向常常止于寡头垄断阶段。

马歇尔通过规模经济①来解释增长,规模经济让企业可以通过削减生产成本而拥有竞争优势。这里有一点很重要,在规模经济中,技术需要较大的合作投资,但是一般而言,一个企业的规模优势主要就是规模本身,也就是融资力的优势。在马歇尔时代,一个在特定行业中经营的特定企业,有它自己在这个行业特有的技术知识和必要的市场联系。现在,大企业从一个行业跳转到另一个行业,要么使用自己的专家,要么就买下那个行业中已经建立的一家较小企业。现代企业集团的发展给我们提供了明确的证据,是融资能力而不是技术规模经济,才能让企业在已经壮大的基础上继续发展下去。

在特定国家的特定行业中,独立企业数量的减少会产生出垄断,而打破行业间壁垒以及国家经济间壁垒则会提高竞争力。在教科书所述的企业理论中,垄断厂商面对它所控制的已知的且静态的商品需求曲线,会控制产出水平并把它限制在边际收益等于

---

① 在马歇尔那里,内部经济和外部经济都惠及私人企业。与往常一样,他的这一概念并不明确。庇古则区分了企业规模经济和生产特定商品的"产业"规模经济,这是一组很难在现实中应用的逻辑概念。

边际成本的水平线上,以此从市场中获取最大可能利润。当然,市场上确实有或多或少符合教科书范式的垄断案例,但一般而言,大企业非但不会限制产出,还会持续扩张生产能力,攻克新市场,生产新产品,开发新技术。大企业所享有的边际利润水平和投资利润率,一般高于那些在仍然存在竞争且停滞不前的市场中经营的企业,因为只有在扩张的市场中,他们才能获取融资扩张所需要的利润。因此,与其说现代企业是垄断性竞争体系,不如说是竞争性垄断体系。

大企业对金融的掌控让它们可以按照自己的意志自由行事,因此不仅可以操纵市场经济,还可以操纵国民经济和国际经济政策。("对通用汽车公司有利的对美国也有利。")这种现象对教科书框架的破坏比放弃承认价格由边际成本决定这一学说更加严重,因为价格由边际成本决定是不完全竞争的结果。它毁掉了为了社会整体利益而在不同用途之间配置资源并追逐利润这一学说的基础。

技术选择

用伪生产函数线上一个点到另一个点的运动来表示劳动与资本的替代,是一个荒谬而且错误的假设,但不幸的是,这种做法很常见。① 线上的每一个点都代表了一种情况,即长期以来所预期

---

① 比如,索洛,《论回报率:答帕西内蒂》(On the Rate of Return: Reply to Pasinetti),载《经济学杂志》,1970年6月。

的价格和工资在今天的情况,因此,所有投资会按照承诺为投资者产生出最大化净回报的形式进行。要素价格的变化效应无法按照这种情况进行讨论。也就是说,时间与曲线上每一点的角度成直角。为了从一个点移动到另一个点,我们要么重写过去的历史,要么就要着手开创一个长久的未来。在动态条件下,需求构成的变化、技术的变化以及特定生产要素成本的变化,都在持续发生。投资决定总是在不掌握当前可能性的完全信息以及对未来的预期没有充分信心的情况下做出的。现有的资本存量并不是过去选择的结果,如果这个未来(也就是当下这个今天)是过去正确预见到的未来的话。它也不是由最合适的技术单位所组成;其中也包含有很多早期技术的遗存,这些早期技术是在与今天完全不同的获取技术条件下选择出来的,但也从来不是以不变形式保留下来。这种情况随时间的推移而继续,随着总投资的进行,一组资本品则由另一组更为适应全新预期的资本品所替代。所以,要讨论技术选择就不能像考察伪生产函数线上的点那样考察总资本量,我们必须考察每时每刻都在制订的投资计划。

在庇古的理论体系中,任何企业都可以按照现行利率和自己的意愿,想借贷多少就借贷多少。在均衡状态下,没有一家企业计划进行任何新的投资,因为如果企业扩大自己的生产能力,管理不经济将引致平均成本上升,从产出增量中获取的额外收益不足以抵补追加融资的附息增量。按照用最小成本生产出给定产出的规则,企业选择的生产技术受到利率和工资水平的制约。在动态经济中,我们或许可以假设利率对任何时候都在计划中的投资量具有某种影响,①但要说利率会影响到技术选择则完全没有理由。有了计划用于投资的资金,企业必定倾向于选择能够带来更多利润增量的计划,而不选择前景不明的计划,也不管自己要为这笔资金付出什么代价。② 然而,在计划与计划之间进行选择,是个非常复杂的问题;事实上,企业可能是凭直觉做出抉择,或者,凭某种传统规则,比如凭偿还期作出抉择。③ 如果对贴现现金流(discounted cash flow)进行精细估算,计算出的就是预期利润率,而不是利息率。但这里有一个重要的方面,即企业之间可用资金的配置会影响到所采用的技术,也就是说,如果一个有效设备的规模非常大,资金配置就会影响到技术。因此,只有实力雄厚的大企业才有采用这类技术的意图。较小的企业只能满足于雄心不大的计划。实力雄厚的大企业只有在充分控制了市场并有信心拿到满意回报的时候,才会进行投资;④小规模竞争性厂商则不得不满足于较低的回报率。

对技术选择最为重要的影响还不是融资成本或"要素价格",而是相对于可用劳动的投资率。正如工业化早期阶段所发生的那样,一家个体企业在固定工资率条件下可以尽可能多地雇用自己

---

① 参见上文,第31页。

② 参见 M. 卡列茨基,《经济波动理论论文集》(*Essays in the Theory of Economic Fluctuations*),伦敦:艾伦和昂温出版公司,1939年。

③ 参见 N. 卡尔多和詹姆斯·A. 莫里斯(N. Kaldor and J. A. Mirrlees),《新经济增长模型》(A New Model of Economic Growth),载《经济研究评论》,1962年6月。

④ 这个观点是熊彼特提出的。参见《资本主义、社会主义和民主》(*Capitalism, Socialism and Democracy*),纽约:哈珀出版公司,1942年,第8章。亦可参见约翰·K. 加尔布雷思(J. K. Galbraith)的《新工业国》(*The New Industrial State*),纽约:霍夫顿·米夫林出版公司,1967年,第19章。

愿意雇用的劳动,这家企业或许会找到一种能够让自己的每单位投资获取最多回报的技术,因此有可能在同类设备条件下,通过逐步增加雇佣人数来扩张企业生产。如果新技术优于现在使用的技术,比如在现有价格条件下,这一技术降低了人均投资成本以及每单位产出的工资总额,那么,敏锐的利润最大化追求者就会使用这个技术,但这个时候还没有这么大的冲动来做这件事情。

这种情况与近似充分就业(near-full employment)的环境迥然不同。一家大型企业其所属工厂在特定地区提供了很多工作机会,它在做计划投资时就必须考虑,自己还能雇用多少劳动。一般而言,企业将会发现,如果必要的话,至少部分通过提高人均投资就能进行企业扩张。企业不会提供简化的技术"蓝皮书";因为他们必须搞清楚可能性有多大,并尽最大可能对此做出评估。我们也没有任何理由认为,这一过程必然涉及"资本深化"以及利润率下降。在探索如何提高人均产出的过程中,企业经常能够在开发优势技术方面获得成功。获得成功的企业并不反对提高货币工资率,他们甚至会提供争取劳动的各种优惠条件,以便从其他企业吸引工人。采用劳动密集型技术的小企业必然要走机械化道路,否则就关门歇业。那些幸存下来的企业最终会发现自己较之前更加兴旺。由于价格上涨的幅度会小于工资率上涨的幅度,所以随着人均产出的增加,有可能出现长时间的积累阶段,在这个阶段内,实际工资率在上涨,但利润率没有下降。在这个意义上,"资本替代劳动"是产业发展的实质,但与伪生产函数上显示的要素价格无关。

宏观理论与微观理论

经济学关于特定企业的行为有许多解释(对各国反垄断立法的调查是一个丰富的资料来源),还有关于毛利润行为和不同类型组织的盈利能力等等的统计学调查。这主要是一种纯粹的描述,未得到理论的认可,或者说,只是意图将自己塞进一种不适当的分析框架来自欺。能够适用于动态经济的企业理论,还在自己的起步阶段。①

同时,我们有必要建立一个积累的一般理论,用这个框架来阐述微观理论。在第一阶段,用企业控制的资本就可以对企业进行简单识别;构成整个产业结构的企业规模和企业数量本身并不重要。然而,作为产业整体的积累和技术进步的一个主要决定因素,企业之间的相互影响非常重要。我们可以根据特定企业对预期利润的反应来讨论这个特定企业的行为,但我们不能基于对利润的

---

① 12年前,伊迪丝·彭罗斯(Edith Penrose)的《企业成长理论》(*The Theory of the Growth of the Firm*,牛津:布莱克维尔出版公司,1959年)开启了一个"新浪潮"(A "new wave")。继起的是威廉·J.鲍莫尔(W. Baumol)的《企业行为,价值与增长》(*Business Behavior, Value and Growth*, New York: Harcourt, Brace & Jovanovich),以及马里斯(R. Marris)的《管理资本主义》(*Managerial Capitalism*),伦敦:麦克米伦出版公司,1964;戈登(M. Gordon)的《企业的投资、融资和估价》(*The Investment, Financing and Valuation of the Corporation*), Homewood, Ill.: Richard D. Irwin, 1964;以及其他很多类似著作。在他们的模型中,企业的策略目标是为了在各种限制条件下增长。因为企业的行为高度复杂而形态多样,所以任何描述企业激励机制的简单公式好像都不能让人满意。新新古典学派假设,企业的目的是使自己股票的现值最大化,这个话说得似乎不太准确,因为对股票现值的最大影响是市场对手中股票价值未来增长的预期。

预期来解释积累,因为除了对利润的预期引致投资外,积累还需有一个客观基础。如果企业除了高回报率的项目外,对其他项目的投资都慎重且少有投资意愿,企业实际获取的回报就会很低,因为缓慢的投资和较高的利润空间会制约有效需求。每家企业的利润前景取决于其他企业正在干什么。

无论如何,不能仅凭借利润前景而对积累进行说明。如果投资者关心的只是自己手上这笔资金的最佳回报,那些不成功的企业就会停止投资,通过购买更为成功企业的股票来配置资金。正如凯恩斯所说:"无论表现得多么真诚与坦白,企业都只是假装自己的动机主要受到了公司计划书的驱动。"[①]在很大程度上属于企业集体活力和竞争力函数的"动物精神"状态,是资本主义发展的最重要因素,尽管我们绝不能据此得出以下这个说法:最有活力的企业必然为整个社会生产出最有益的结果。

---

① 《通论》,第160页。

八 增长模型

对于古典经济学家而言,由资本积累和技术进步带来的经济增长才是经济学的核心问题;在新古典经济学时代,除了保留一些李嘉图传统的马歇尔对此有些含糊的讨论以外,其他经济学家少有论及;凯恩斯革命之后,增长问题才成为时髦话题。冯·诺伊曼的超古典模型(ultra-classical model)对增长的分析失之简单。模型从技术上规定,工资就是劳动的成本,企业可以按工资品增长的速度发展。哈罗德提出了第一种长期凯恩斯模型。对于哈罗德来说,有效劳动供给的"自然"增长率由外部给定,经济增长率可能或者不可能与其保持一致。在后来广泛传播的新新古典模型中,自然增长率由某种平衡机制自动实现。

哈罗德

哈罗德模型的最大优点在于,它并不是一个均衡体系,只是《通论》的长期概念的扩展(projection)。积累是追求利润的企业所作决定的结果,但我们并不能保证不受控制的私人企业的投资率是稳定的或处于一个令人满意的水平。遗憾的是,哈罗德对自己模型的阐述[①]与新新古典学派对其模型的解释几乎同样让人感到困惑。

净储蓄在净收益中的份额 s 由公众的储蓄倾向决定；资本产出比率 v 由技术状况给定。因此，维持增长率只有一种可能：$g = s/v$。这是"有保证"的增长率。这个增长率并不是企业实际上发生的增长率，或者说并不是企业决定的增长率，或在给定条件下企业有意实施的增长率，认识到这一点非常重要。这只是一个为了在事后为其所为感到满意从而愿意继续从事生产而必须实施的增长率。有保证的增长率是节俭经济条件的一种表现。较高的、有保证的增长率（相对于企业的积累欲望）会引发消费不足，从而降低实际增长。较低的、有保证的增长率会引发通货膨胀，从而刺激增长。

s 和 v 这两个给定的外生概念引发了一个众所周知的哈罗德刀刃（Harrod's knife-edge）问题，尽管罗伊·哈罗德爵士（Sir Roy）本人拒绝这个说法。从长期看：公式 $g = s/v$ 等同于 $I/K = I/Y \cdot Y/K$，即按价值计算，净投资与资本存量的比率等于净收入中的净投资份额乘以收入与资本的比率。（假定消费物品的货币价格固定不变，因此价值可以用货币表示。）这个公式出自商业周期理论，罗伊爵士似乎不情愿地承认，只有在稳定增长条件下，净收入和投资才具有精确值（precise value），或者说，满足

[①] 参见《论动态理论》(An Essay in Dynamic Theory)，载《经济学杂志》，1939年3月。《动态经济学初探》(Towards a Dynamic Economy)，麦克米伦出版公司，1949年。以及《评琼·罗宾逊的〈21年后的哈罗德〉》(A Comment on Joan Robinson's 'Harrod After Twenty One Years')，载《经济学杂志》，1970年。

公式 $v = s/g$ 的 v 的含义是资本价值超过净收入价值。对于哈罗德来说，v 似乎意味着，在某种程度上，要用物理术语才能表达增量资本与产出的比率。

商业周期理论的主要机制属于"资本存量调整"型，但这一点也同样可以用利润预期来做明确的解释。在任何给定条件下，只要有了一定的物质生产能力，总投资率的增加就会提升当期总利润水平，并超过不久之前的水平。如果前景改善的预期会持续，投资将会进一步增加，因此利润将进一步提高；简而言之，繁荣随之会出现。反之，投资率就会下滑。这一论点的一部分与关于实际经济中的实际行为的假设相关联。"有保证的增长率"是一个形而上的概念。它考虑的是一个合理的均衡路径的存在，而不是一种经济可以遵循的稳定性路径。刀刃问题就是 g 的唯一可能的值与外生给定的 s 和 v 的值相容的问题。

观察出自罗伊爵士之手的哈罗德模型公式，我们可以试着找出该模型所需假设的含义。

新新古典学派采用了哈罗德模型，并将模型强行塞进前凯恩斯模式。[①] 储蓄率决定了投资率。不管"有保证的增长率"是什么，反正已经实现。如果 $v < s/n$，那么，储蓄量多于公式所需数量，就需要维护 n，即自然增长率（想来讨论总是从充分就业位置

---

① 尤其参见特雷弗·斯旺（Trevor W. Swan），《黄金增长期的增长模型与生产函数》（Growth Models: of Golden Ages and Production Functions），载《东亚经济发展专题》（Economic Development with Special Reference to East Asia），K. 贝里尔（K. Berrill）编，伦敦：麦克米伦出版公司，1964年，国际经济协会蒲郡会议论文集（International Economic Association Conference at Gamagori）。

开始进行);那么,g 会超过 n。这是一个包括产出、劳动以及"资本"在内的功能良好的生产函数。超额储蓄会提高"资本"与劳动的比率,从而利润率下降,实际工资率上升。随着 v 的上升,维护自然增长率的储蓄率也在上升;在达到均衡(即 $g = n = s/v$)之前,按照超额储蓄率不断"深化"的投资会逐渐下降。这无非就是将单一商品世界中的维克塞尔过程[①]移到了对长期稳定增长的分析中。这个表述也可以倒过来说。如果 $v > s/n$,且 $g < n$,以及 v 在下滑,在 v 的均衡值建立之前,就会出现负积累。

为了保持凯恩斯增长模型的特征,我们必须以一种不同的方法对其进行解释。我们必须在讨论中引入另一个术语:企业积累率(所有企业总体来说乐意带来的积累率)。哈罗德的中心命题是,如果企业无法按照有保证的增长率(积累率)进行积累(比如,因为 $s/v > n$),或者,如果它们懒得扩大积累,那么,消费不足和经济低迷就占了上风,因此,长期来看就会出现经济停滞或经济衰退(尽管偶尔也会发生短暂的繁荣)。这样看来,对于哈罗德而言,高储蓄 s 与它在新古典经济学中起到的作用刚好相反。对他来说,高储蓄根本没有促进高增长,高储蓄对于任何增长都是一大障碍。

为了理解这个悖论,我们需要更为详细地研究 g、v 和 s 的含义。

哈罗德理论框架中最有用而且最为重大的创新之一,就是对技术进步的分析,但是,因为这个分析非常复杂,因此我们每次只

---

① 参见上文,第 70 页。

研究一层含义。在现阶段,我们假设"自然"增长率 n 只能由劳动增长率决定。

为了抽丝剥茧,探寻模型的实质,我们假设:

$$Y \equiv C + I \equiv W + P$$

也就是说,每年的净收入被哈罗德细分为消费和净产业投资,即被细分为工资和利润。(除了企业高管的高薪收入外,工资还应包括所有"劳动收入",而这些收入应该包括在企业利润中。)K 是资本存量价值。增长率 g_c 为 I/K;这就意味着,随着时间的推移,资本与收入的比率 v 或者 K/Y,固定不变。利润率 π 则为 P/K。在实际已经实现的稳定增长路径的任何一点,包括设备库存物质构成在内的初始条件,必须与正在进行的增长速度相协调。随着时间的推移,资本的利润率与净收入中的工资与利润份额固定不变;现在我们必须考虑的问题是,它们如何与 g、v 和 s 相关联。

人均资本价值主要取决于技术条件和利润率。或许也存在显示出其他可能性的伪生产函数,但伪生产函数不在这一表述范围之内,原因是,适应于增长率和利润率的技术,已经设置在了增长路径的所有既定点上,并在每种既定条件下按比例扩张。

统一利润率(uniform rate of profit)假设意味着,在长期意义上,该模型是竞争性模型——意即没有企业能够通过限制其他企业进入自己的市场而获取超过正常利润的垄断利润。我们也没有必要假设短期意义上的完全竞争,所有企业都是在边际成本急剧上升的情况下,开足马力全力运营,因此,总利润率由边际成本减去平均直接成本决定,并随着需求的季节性变化或随机变化而波动。我们可以假设,企业定价采用的是直接成本加成的方法,那

八 增长模型

么,如果企业平均而言实现了正常运营,收入将抵补包括摊销在内的总成本,并产生一个与他们期望享有的利润率相对应的净年利润。(一定时期内,如果平均利用率超过正常水平,实际净利润就会超过预期,反之亦然。在我们这条平静的路上,我们可以设想,一般而言,企业产能的正常利用率能够实现,虽然一周复一周未必都没有变化。)

现在,垄断的程度,或者,毛利率与直接成本的比率,开始在资本收入比率 v 的决定中发挥作用。标准工作日的长度、轮班制的盛行等,都被纳入了既定长期技术条件之中,但是,企业产能的利用程度却与企业的短期价格政策相关联。(我们必须假定,劳动时间因加班时间而有不同,或者说,正常就业水平低于100%的可用劳动力水平。)在给定的企业中,较高的垄断程度意味着产能的正常运转与满负荷运转的比率较低,因此,单位产出的投资成本较高。关于 v 的讨论就是这些,现在我们来考虑 s。依据什么假设,我们才能发现净收入中的净储蓄的份额 s 与资本利润率和净收入中的利润份额完全无关呢?(罗伊爵士讨论过食利者依据主观储蓄愿望所获得的利息率的影响,但是他忽略了工资和利润的收入分配效应。)我们没有义务假定说,每个家庭都从自己的收入中拿出一个相同比例 s 进行储蓄。鉴于家庭之间的收入分配随着时间的推移,依旧保持不变,就存在由于贫富之别而出现的不同的储蓄比例,但不必将贫富与劳动收入和非劳动收入联系起来。食利者财产——债券、股票以及现金——必须在人群中随机分布,这样,从工资获得收入和从利息获得收入的代表性家庭,才能从两种来源的总收入中拿出一定的比例进行储蓄。(这里一定有一个能够保持货币数量按适当比例增长的银行体系,以便为工资总额的增长和因流动性偏好而持有的现金提供货币,从而使得一段时间内固定不变的利息率与正在进行的积累率保持一致。)企业都会保留足够的毛利润以保持资本金的完整(物质上和价值上)。我们可以假设,净利润全部分配给股东,另以发行新股和债券的方式筹集净投资所需资金;或者,我们还可以假设,食利者收入包括由于留成利润投资而产生的资本收益,储蓄率 s 涵盖了这一部分收入以及其他收入。在这样一个世界里,企业(联合一起)按自己的意愿,通过它们确定的毛利润水平,自由决定价格水平和利润率。我们假设,货币工资率自始至终固定不变。将较高垄断程度的企业与较低垄断程度的企业做一个比较,消费品的价格较高,投资品价格也有相应调整。在给定的就业水平条件下,工资总额在两种情况下完全相同,即价格也高、毛利润也高的情况。[Δp 是价格增量,G 是总利润,$\Delta G = \frac{\Delta p}{p}(G + W)$。]就像居民户取得收入那样,投资部门的资本重置靠的是超额利润。较高的价格降低了工资的购买力,但食利者收入的增加刚好对此作了抵消。按照企业为商品销售制定的价格,同样数量商品的消费支出越高,按货币计算的净储蓄 sY 与相同数量的净投资 I 也越高;按货币计算的摊销备抵 A 与相同数额的维持物质资本存量的支出 D 也越高。

现在我们看一下"垄断程度"的表现力。假如说,每个市场的价格领导者依据自己的直接成本,确定了某一利润水平,市场上所有卖家以此制定自己的相应价格,并依据自己的成本获得一笔利润,那么,价格领导者可以随心所欲制定价格。但是,总是有一种危险,有些不满意自己份额的无赖,试图采用低价销售的方式增加自己的份额,因此利润将会下降。价格领导者的自由度因为成本的分散性(dispersion of costs)和咄咄逼人的潜在竞争对手而受到限制。总而言之,从总利润与总成本的比率来看,缺乏竞争很可能是较高"垄断程度"经济的一般情况。

现在考察公式 $g = s/v$。我们或许可以假定,利润率会影响到资本与收入的比率 v,但这并不能让我们凭此就远离刀刃。给定 s 和 g,只有一个 v 值与均衡相一致。在单一技术条件下,v 或许会在利润率的一定范围内发生变动(根据生产的时间分布模式,按照产出的上升和下降,给定设备存量价值);根据伪生产函数,不可能存在能够提供待定 v 值的利润率(可以有效用),或者,也可能有几个利润率。(这一点在"技术再转换"的争论中已经确立。)即使有一个对应于利润率且合适的 v 值,这一体系中也不存在一个可以使之成为现实的机制。所以我们没有办法设想能通过短期价格政策所决定的利润率来发现 v 值,如果能在长期条件下获取到 v 值,倒是有可能与真正的 v 值相一致。

显而易见,刀刃是一个虚构的怪物(chimera)。这个问题是由于违背常理的假设造成的,即净储蓄与净收入的比率 s,由家庭心理而不是由企业需求来决定。尽管如此,我们还是在探索中学习到了有价值的东西。

利润与储蓄

如果我们认识到利润是储蓄的主要来源,投资产生出储蓄所需要的利润,刀刃问题就消失不见了。总投资的主要资金来源是企业的总利润留存。(投资的支出先于收到投资带来的利润;比如说,在一个增长经济中,企业必须在6个月前就向银行借款,补上本月支出和收入之间的差额。①)如果投资超过企业留存资金,就要有居民的储蓄。(在我们的简单模型中,不存在储蓄额超过企业投资额的情况——即不存在私人住宅建设、预算赤字,或者贸易差额——这样一来,家庭收入超过消费的部分只能用于超出企业留存的投资。②)企业用借贷来的家庭储蓄为超出企业利润留存的投资提供融资资金,通过证券销售借款是直接借贷,通过银行体系(银行体系为满足食利者的流动性偏好提供存款服务)的企业短期借款是间接借贷。

在我们的模型中,我们只是简单地把股票发行看成一种借款形式,食利者也只是简单地将股票视为可产生收入的理财资产,而不是视为企业控股权益。发行股票借款与发行各种债券借款之间的关系,是一个非常复杂的课题(之所以复杂,乃因利息是成本而红利不是成本的法律拟制[legal fiction])。现在我们将这一切都放到一边,假定长期借款的唯一形式就是发行股票。③

在不把工资用作储蓄的简单情况下,稳定增长路径上的利润率由公式 $\pi = g/s_p$ 给出——设置净利润水平是为了每年的净储

---

① 参见上文,第74页。
② 这里的家庭收入不包括资本收益。参见后文,第120页的注释。
③ 因此我们必须假设,如果银行提供存款满足食利者的流动性偏好,他们就持有了企业股票。简化的假设迫使我们将债券和政府债务排除在讨论之外。但在更为现实的情况下,如果货币数量的增加为家庭储蓄提供了资金,银行必定会拿到储户不愿意留在手上的资产。

八 增长模型

蓄等于净投资。这样,无论 gv 怎样,s 都与其相等,利润占比就以这种方式调整到了它该有的样子。① 如果企业愿意按照这一水平进行自己的投资,从而使 $g=n$,这就是实现了自然增长率;对企业来说,它们很可能这样做——初始条件在任何时候都是适用的;而且政治上也是可能的——由技术条件决定的实际工资率,以及由 $\pi = g/s_p$ 给定的利润率,不会低于说得过去的水平,这是按自然增长率的增长。但是,即使所有其他条件都得到了满足,如果企业缺乏活力去实现增长,按自然增长率的增长就不会实现。这里没有一条能使"自然"增长率占上风的自然律。这一点也表明了凯恩斯学派增长模型和新新古典学派增长模型之间的区别。

现在我们必须考虑垄断程度与利润率之间的关系。如果收入中没有用于储蓄的部分,利润率就与垄断程度无关,但实际工资率不是这样。通过制定高价(给定货币工资率),企业可以从卖给公众的既定销售量中获取增量利润,但企业无法确保公众会相应增加开支数额。就算马上把额外利润支付给了食利者,企业也只能从 P 的每一次上涨中获得支出的 $(1-s_p)\Delta P$。因此利润率 $\pi = g/s_p$ 就与垄断程度无关。然而,较高的价格水平会降低实际工资,相应于给定 π 值的工资率,就不会与垄断程度无关。(给定就业水平条件下,垄断程度越高,企业的利用率水平越低,K/Y 值也越高。因此,在给定利润率条件下,收入中的利润份额越高,人均实际工

---

① 凯恩斯用另一种方式简化了自己的模型。《通论》关于流动性偏好讨论的主要部分,就是对债券和货币进行选择。这里提及作为一种利息率的股票收益率,但没有完全展开。然而在《货币论》中,凯恩斯的主要论点是从股票权益的角度展开的。

资越低。①)

现在我们有必要讨论收入中用于储蓄的部分。卢伊吉·帕西内蒂(Luigi Pasinetti)提出了一个简洁的模型,模型中的利润率等于增长率除以资本家储蓄,即使模型中已经有了工资储蓄。② 他将经济划分为两类,资本家和赚取工资并从累积的储蓄获取利润的工人食利阶层(worker-rentiers);他认为,这两类人拥有的资本利润率相同。③ 我们还可以通过进一步区分来详尽阐述这一观点。企业必须留存至少足以维持资本金完整不变的总利润,而且在通常情况下,他们也留存大部分净利润。家庭也分为三类:从存款资金中获取全部收入的食利者;拥有混合收入的工人食利者,以

---

① 这是卡列茨基著名理论的长期版:工人们花的是他们的收入,资本家得到他们的支出。如果储蓄不是出自工资,在任一时期,总利润都等于总投资加上资本家的消费;工资在收入中所占份额与垄断程度成反比。参见《经济波动理论论文集》(*Essays in the Theory of Economic Fluctuations*),伦敦:艾伦和昂温出版公司,1938年。第76页。

② 参见《与经济增长率相关的利润率和收入分配》(The Rate of Profit and Income Distribution in Relation to the Rate of Economic Growth),载《经济研究评论》,1962年10月。

③ 他的批评指出,如果工资在收入中的占比太高,即使资本家阶层的储蓄倾向高于工人,工人食利阶层提供的储蓄在总储蓄中的占比也会超过资本家。在这种情况下,工人食利阶层获取资金的速度快于资本家阶层,所以,除非资本家阶层不再拥有较大比例的资本存量,否则不可能达成均衡;如果全部收入都到了工人食利者阶层之手,这个阶层的储蓄倾向就会决定收入中的储蓄占比,即哈罗德公式中的 s。批评者因此声称,边际生产力分配理论成为了现实。这让他们又回到了哈罗德的刀刃上。参见詹姆斯·米德(J. E. Meade)和哈恩(F. H. Hahn)《经济增长中的利润率》(The Rate of Profit in a Growing Economy),载《经济学杂志》,1965年6月;詹姆斯·米德,《帕西内蒂过程的结果:一篇札记》(The Outcome of a Pasinetti Process:A Note),载《经济学杂志》,1966年3月,以及萨缪尔森和莫迪利亚尼(F. Modigliani),《新古典经济学中的帕西内蒂悖论及更普遍的模型》(The Pasinetti Paradox in Neo-classical and More General Models),载《经济研究评论》,1966年10月。

八　增长模型

及全部收入来自工资的工人。（工资包括全部劳动收入。）①

我们可以假设，股票主要由富有的食利者持有。由于股东收入中的利润留存也用于投资，所以现在很方便我们就将资本利得包括在内了。② 总体而言，食利者有高于平均水平的储蓄倾向，虽然他们当中也有个别人喜欢挥霍从过去承袭的财富。

我们主要考察先储蓄后花费的工人食利者阶层（虽然有养老金缴款等），对这个阶层而言，净储蓄占全部收入之比相对较低。一般来说，较之富裕的食利者阶层，他们应该具有更高的流动性偏好，因此他们的股票收入少于利润率收入。没有自己财产的工人阶层，也没有净储蓄。每一个阶层（作为一个整体考虑）都有本阶层的储蓄倾向；混合收入阶层倾向于把不同来源的收入都存起来。储蓄占工资的份额总体上取决于工资总额在这些收入中有多少，以及有多少工人的储蓄倾向为零。对利润而言也是这样。在稳定增长的道路上，不同阶层之间的收入分配依然不变。因此，我们可以根据收入的来源对收入重新组合，我们假设，储蓄在净利润中的份额 s_p 大大高于储蓄在工资中的份额 s_w。③

---

① 参见上文，第 113 页。

② 这是一个会计准则问题。如果将留存当作储蓄，食利者收入就会被视为是由企业付给他们的不同款项组成的。金融消费的证券销售，则被看成动用储蓄。如果资本利得被纳入食利者收入，资本留存就被排除在储蓄之外，未实现的资本利得就会包括在内。储蓄在利润中的份额 s_p，不受会计账户设置方式的影响，但会受到食利者实际行为的影响。

③ 在"反帕西内蒂"（anti-Pasinetti）情况下，工人在总资本中所占份额越来越大，稳定增长失去了可能性；整体储蓄倾向（哈罗德所说的 s）随着时间的推移在下降，利润率在上升。我们很难理解这种说法怎么就能为新古典理论提供支持。参见前文，第 119 页的注释。

储蓄在工资中的占比会降低利润率。公式表示：

$$\pi = \frac{g - s_w\left(\dfrac{W}{K}\right)}{s_p}。$$

另一方面，储蓄在工资中占比会对垄断程度的利润率效应产生平衡作用。相对于货币工资而言，价格水平越高（有个一直受到维护的既定增长率），实际工资越会降低；因之工资中的储蓄占比越低。这样，利润必须高到能让利润中的储蓄占比足以弥补工资储蓄不足的程度。所以，如果实际工资低于 $-\Delta W$，利润中的储蓄占比就必须高于与 $s_w\Delta W$ 相等的数额。因此，$\Delta P = \Delta \dfrac{S_w}{S_p}\Delta W$。

正如我们已经知道的那样，当 $s_w = s_p$（哈罗德模型的 s），则 $\Delta P = -\Delta W$。当 $s_w = 0$，$(\pi = g/s_p)$，则 $\Delta P = 0$。只要 $s_w < s_p$，ΔP 就小于 $-\Delta W$。垄断程度对利润率的影响越大，s_w 与 s_p 之间的差越小。①

家庭储蓄还有一个方面也值得考虑。投资超过利润留成以及从银行借款就是借的家庭存款。但不能因为家庭储蓄了他们本想投在股票上的钱，企业就非得去借。如果所有投资都要由留存来融资，那么，作为工资和股息付给家庭的收入中，就不可能有一笔净储蓄。但每个家庭都按自己的意愿自由进行储蓄。

卡尔多（Kaldor）提出了一个机制可以调和这一明显的矛盾。②

---

① 我很感谢埃米特·巴杜里博士（Dr. Amit Bhaduri）在这一问题上所做的讨论。

② 《新帕西内蒂定理》（A Neo-Pasinetti Theorem），载《经济研究评论》，1966 年 10 月。

八 增长模型

他用一个简化形式表达了自己的论点,具体如下:将所有食利者划分为两类:老股东和新储户。股东收益由股息和资本收益组成。存留资金的净投资引发了股票价值的上涨。在平静状态下,由于利息率和利润率固定不变,按企业股票价值 V 与盈利资产价值 K 的比率计算的估值比率 v,也固定不变(不能将此 v 与哈罗德的资本收入比率 v 相混淆)。对于正按照年均经济增长率

$$g = \frac{\Delta K}{K} = \frac{\Delta V}{V}$$

增长的代表性企业而言,仅当估值比率等于 1 时,企业每年投资 ΔK 才等于企业现有股票的年价值增量 ΔV。如果没有新的股票发行, ΔV 则是现有股东资本收益的增值。如果部分 ΔK 要由新发行股票融资,资本收益就会低于 ΔV。代表性企业(其利润率是 π,增长率为 g)的股东在对企业增资后,有时候会尝到利润的甜头。如果 P 是去年的净利润, r 是这家企业的留存率,股东在本年将获得的股息为 $(1-r)P$, rPv 为资本收益。他们持续获得的企业每单位资本的收入为 $(1-r)\pi + r\pi v$。

如果投放到融资市场的新增家庭储蓄超过了因企业借贷而产生的新债券的供给,估值比率将会飙升。估值比率越高,意味着对应于既定的利润率,股东的年收益也越高。如果老股东的消费支出超过了他们的股息收入并需要卖掉证券(实现资本收益),就抵消了新储户对证券的超额需求,均衡因此达成。可以假设,银行系统为抵消既定利率水平(在该利率水平下净储蓄出自家庭收入)下的流动性偏好而造成的货币数量的充分增加,总体而言与企业的净借贷相等。基于这一观点,企业新股发行价就要跟上利息率的

上升并抑制利润率的上涨。[①]（严格意义上，最近的这个论点不能被视为老问题，但它对完成凯恩斯增长模型的构建非常必要。）

这一类型的增长模型的目的不是用于预测均衡，而是用于标示扰动的可能原因。就我们在本阶段所得到的可检测的假说而言，我们模型的假设过于简单，但它提示了一些有意思的思路。

比如说，我们已经看到，在某些环境中，较高程度的垄断会产生较高利润率和固定增长率。这种情况并不意味着边际利润的上升（有一个固定不变的投资率）必然会使利润增长。在任一给定时间内，消费品的支出额取决于近期的货币收入水平。本周价格的上升会减少销售额，甚至会引发失业。但是在一个政府关心维持有效需求的现代资本主义经济中，就业的减少无论如何要靠追加支出来抵消。因此在双方同意的前提下，企业可以制定它们中意的利润率。

第二，资本主义世界已经实行的财产法律制度，与经济现实相差甚远。带给食利者的资本收益是对食利者的无功之"赏"[②]。此外，他们在经济中采用了天生带有通货膨胀因素的做法。用于投资的资金创造了可再次用于消费的收入。

第三，作为已经习惯于将自己的储蓄投资在股票上的混合收入阶层（直接或者通过设立诸如投资信托基金这样的机构来迎合

[①] 卡尔多提出了一个公式：$\pi = g(1-u)/r$，式中，u 是通过发行新股融资的投资占比。

[②] 参见加尔布雷思："从无需付出努力的回报来说，赋予封建特权比不上祖辈买到通用汽车、通用电气的 1000 股股票并传给后代。"《新工业国》(*The New Industrial State*)，第 394 页。

他们),随着收入中的资本收益额的增加,消费倾向也相对升高,这样一来,储蓄收入的总体比率随之下降;对应于既定增长率的利润率,随着时间的推移也趋于上升。

当然,在一个不稳定的世界里,总的来说,还有许多因素会影响股票市场和对特定企业以及在想象的稳定增长的平静氛围中运营的其他企业的评估。总体而言,它们有可能促成不稳定,因为之前的预期利润投下了一层阴影,所以人们只能在投资有了增长之时,才会增加利润中的消费占比。

大体上,节俭在这一模型中发挥的作用与在哈罗德模型中发挥的作用完全不同。由于有着较高的 s 值,所以,较高的有保证的增长率往往会造成经济衰退并抑制经济增长。在我们的模型中,在给定增长率条件下,储蓄倾向越高,实际工资水平也越高。它将"通货膨胀壁垒",即实际工资可能达到的最低水平推后了一步,因而使企业有可能更快地增长(如果企业愿意这样做的话);然而,服务于消费品市场的企业并不欢迎储蓄,储蓄会减少这部分企业的利润;它们尽自己一切可能采用能让人产生心理淘汰(psychological obsolescence)的广告和创新,尽一切可能将未实现需求转化为有意识欲望来产生出需求,从而阻止消费者储蓄。

创 新

技术进步不太容易融入新古典静态均衡概念之中。马歇尔用暗含技术进步的不变正常利润率来分析增长的经济,显然,他混淆了获得性知识与规模经济概念(与产出增长一起发生,但不随产出下降而消失)①,从而使整个问题含糊不清。

中性发明的含义 庇古根据静态均衡状态的比较,讨论了"发明"的效应问题。他将发明分类为节约劳动型和节约"资本"型,以及一个兼顾节约劳动与节约资本二者的宽阔的中性地带。希克斯则将中性简化为非此即彼,所有的进步划分为劳动节约型和资本节约型两类。(现在仍在广泛使用的这一术语体系令人费解。除了那些只是节省时间的技术改进之外,所有技术改进都在生产过程的某一阶段增加了人均产出;②在当前的讨论中,"劳动节约型"有时候被看成是直截了当地减少了既定产出所需要的劳动,有时候被看成是希克斯意义上的比中性更节约的劳动节约型。)

中性技术发明概念是指技术发明导致的新均衡位置的工资和利润在收入中的相对份额与旧均衡位置的份额相同。这里有一个含混的地方;如果不考虑新均衡状态的资本劳动比率,技术变化本质上并不能独自决定相对分配份额。希克斯指出,作为一个中性定义,在新均衡位置下每单位劳动的"资本"与旧均衡位置下每单位劳动的资本相同的时候,技术发明也均等地提高了每一"要素"的边际产出。那么在何种意义上考虑"资本"呢?让我们假设我们正在用相同的雇佣劳动来比较两个均衡位置,而甲方的人均产出高于拥有更高级技术知识的乙方,再假设,净产出较高的甲方的工资占比与净产出较低的乙方的工资占比完全相同,也就是说,两个

---

① 《经济学原理》,附录 H。
② 比如说,生产方法的改变使得从前在同样土地上用同量劳动一年只能生产一个单位的作物,现在一年可以生产两个单位的作物。如果每六个月生产的作物恰好是之前每年收成的一半,就可以在不节省生产要素的条件下节省资金。

八 增长模型

均衡位置的关系是中性关系。现在我们再假设,人均净产出相同比例情况下,甲方的实际工资率高于乙方的实际工资率。那么,如果利润率在两个均衡位置相同,按照人均产出的相同比率,甲方的人均资本价值应该高于乙方的人均资本价值。如果希克斯的人均不变"资本"是用劳动时间度量的——即资本价值除以实际工资率——那么,从这个意义上说,单位资本回报就应该以相同的比例随工资率的提高而提高;这样才能满足希克斯的中性准则。如果将这一论点放进"单一商品世界",并且用商品的物理数量来度量资本,那么,如果甲方的实际工资按人均净产出的相同比例高于乙方,人均商品资本不变,利润率高于拥有工资率相同比例的乙方。但是,较高利润率条件下的相同人均"资本"却意味着储蓄倾向的急剧下降。另一方面,如果甲方的储蓄倾向与乙方的储蓄倾向相同,大致而言,甲方的利润较低(在庇古的静止状态里)。这样一来,相比较产出而言,甲方的商品资本一定大比率地高于乙方。因为相对份额如果固定不变,甲方一定拥有一个单位替代弹性生产函数(商品为产出,劳动和商品为投入)。

哈罗德用中性的定义,即两个均衡位置上的利润率和相对份额固定不变,克服了这些困难。更为重要的是,他抛开了人为的发明概念,即把发明看成是把均衡从一个位置移动到另一个位置的冲击源;他认为,技术进步因为一连串的创新而持续进行。中性则意味着创新是平均分布在整个经济之中,因此人均产出在生产过程的所有阶段以相同速率增加;如果我们将经济简化为两个部门,一个部门生产商品,一个部门生产农作物,那么在技术进步是中性的时候,利润率不变,以劳动时间度量的人均农作物不变,人均资本价值按实际工资率变动的相同速率上升。

（现在我们可以谈一下偏向型技术进步的问题，即中性技术进步的任一方，比如说资本的使用，如果利润率不变，新技术所要求的人均资本价值将会比人均产出增长更快；资本节约型技术进步的情况则相反。）

哈罗德假设了一个由上帝和工程师给定的连续、稳定且中性的技术进步，这一技术进步在资本积累按稳定速率进行时，也按稳定速率提高了人均产出。"自然"增长率是劳动力增长率和人均产出增长率的混合增长率。① 如果实现了自然增长率，资本收入比率，即工资和利润的相对份额以及利润率，都随时间的推移而固定不变。

在一个持续技术进步的经济中假设有一个统一利润率存在某种矛盾之处。有的企业在利用新想法方面总是快于其他企业，也总是享有更高的投资利润率。此外，技术进步改变了商品的品质、技能要求以及工人的培训方式。然而，在一条简化的分析思路得以确立之前，我们似乎并没有看到多少解决这些问题的希望。因此，我们做了一个极端假设，商品和工人都各自保持自己的物理特性，所有技术变化都集中在设备的设计方面。这样一来，消费品的人均产出就有了明确的含义；在稳定增长路径上，用消费品计价的人均资本价值，按照人均产出增长率的相同速率增长，资本收入比

---

① 罗伊爵士后来又引入了最适增长率的理念（optimum rate of growth），这是一个更为复杂的概念。见《增长的最优投资》（Optimum Investment for Growth），载《经济动力学问题：纪念卡列茨基论文集》（Problems of Economic Dynamics: Essays in Honour of Michal Kalecki），牛津：培格曼出版公司，1966 年。

八 增长模型

率固定不变。我们再假设,随着时间的推移,高利润投资和低利润投资的比例固定不变,因此有一个固定不变的总资本利润率。以此为基础(尽管不是很牢固),我们就可以以 g, n 和 π 为单位,将前述观点应用于具有中性技术进步的增长路径。

经典模型(*The Vintage Model*) 如果技术进步采用了改进设备设计的形式,降低了每单位产出的所需劳动和原材料,我们就必须假设,每一轮总投资,比如说一年的投资,都要投入最新设备和最佳设备,与此同时,不久前安装的较低级的设备仍在使用之中。[1] 在任何时候,现有资本设备的物质存量取决于工厂生产年限,因为这决定了有多少种类或者多老旧的早年设备,仍然在与刚刚安装的最新、最佳的设备一起使用。总的来说,企业年限越长,老旧工厂的劳动产出越低,劳动力的人均平均产出也越低。为避免把问题弄得复杂,我们将讨论仅限于持续就业(constant employment)的情况。

是什么决定了生产年限呢?为了避开对本文分析毫无意义的某些复杂问题,我们或许可以假定,工厂的潜在使用年限长于生产年限,而且,每家工厂在整个服务期内都以绝对相同的方式进行工作,随着时间的推移,既没有效率增长,也没有效率损失。因此,在整个生产年限之内,工厂的产出一直相同,但随着实际工资率的上升,工厂获取的准租金将会下降。(我们将继续依从消费品价格不

---

[1] 参见索尔特(W.E.G.Salter),《生产力与技术变化》(*Productivity and Technical Change*),剑桥大学出版社,1960年。索尔特将自己的论点限制在完全竞争的理论部分,其实没有必要做这个限制。

变的惯例,因此,实际工资率的上升来自于货币工资率的上升。)在稳定增长的路径上,工资率跟随人均产出增长率的相同速率增长。在一家工厂处于新装备阶段时,它拥有的准租金比任何老企业都要高。第二年,工厂的产出相同,但经营成本在上升;尽管购买自其他企业的材料和能源等成本不变(与消费品价格一样),但上涨的工资抵消了生产过程中平均人均产出的增长;所以工厂主要成本的上升就是其工资总额的上升。(营运资金的利息成本也相应上升。)我们或许可以假定,每家工厂都会使用到其准租金下降到零为止。然后,工厂被废弃,这家废弃工厂的工人就要寻找新近投入生产的最新、最好的工厂重新就业。

在这个论点的最简单形式中,我们假设除了工资之外别无直接成本;这样,工厂的全部产出不足以支付工资总额时,就是工厂被废弃之时。[①] 不管怎样,直接成本(根据我们的假设)每年随着工资总额的上涨而上升。(按照给定的增长率)还清任何一家老式工厂的准租金所耗费的时间,取决于准租金与这家最新、最好的工厂工资之比率。简而言之,工厂的生命期限是净产出中工资份额的递减函数。工资份额则取决于一家新工厂的人均资本价值以及利润率。为避免讨论过于繁杂,我们还是回到简单公式:$\pi = g/s_p$;暂缓讨论的问题我们将稍后再讨论,现在我们暂且假设,在新工厂与利润率无关的情况下工厂所具有的人均资本成

---

① 有人认为,这一概念与不完全竞争不相容,见 D. 马里奥·努蒂(D. Mario Nuti),《卡尔多-莫里斯增长模型中的垄断程度》(The Degree of Monopoly in the Kaldor-Mirrlees Growth Model),载《经济研究评论》,1969 年 4 月。然而,本来应该保证工厂在最低使用水平运营的部分工资计入了准间接人工成本,因此,就算准租金下跌到零,价格仍然高于短期边际成本。

本情况,①这样工资占比只随利润率的变化而发生变化。利润率越高,工资率(在任何时候)与使用最新设备的人均产出价值之间的差就越大,因此,将准租金降低到零所耗费的时间也越长(增长率已经给定),到了报废时间还在使用的老式工厂数目也越多。设备使用年限越长,平均人均产出则越低。同时,每一轮新投资必须重新配置的劳动力比例,就要低于使用年限更长的工厂,这样才能让总投资所需要的实际资源更少。

通过比较除利润率存在差异、其他所有方面完全一样的增长路径,我们才能发现伪生产函数的另一维度。根据对拥有不同利润率的庇古静态模型的比较,我们发现,伪生产函数的垂直线显示的是在"给定知识状态"条件下的技术选择,在非良态的后向转换点(backward-switch points)之下,是具有与较高利润率相关联的较高人均产出的技术水平。② 水平线显示的是工厂的生产服务年限(给定增长率条件下),在此维度上,伪生产函数是良态函数。与较低利润率相关联的是较高的人均产出率(设备的生产使用年限较短),这在一定意义上与较高的资本劳动比率相关联。我们无需对资本存量价值进行比较(如果利润率是可变要素,这个概念就不可采信);这里的关键是,生产使用年限越短意味着资本存量价值越大,那么维持这种现象就需要较高的总投资率。在任何一条技

---

① 根据萨缪尔森教授的"代用"伪生产函数,每轮投资中只有一项较好的技术发明,以及个别商品的劳动价值的价格和生产资料。(参见前文,第36页注释)

② 参见前文,第36页。我们假设的是在新工厂暂时与利润率无关时候的工厂成本。当我们以净产出中的工资份额和利润率为坐标绘制伪生产函数的这一维度时,符合我们假设的一段就是斜率代表了人均资本价值的一条直线。

术路径上,都有一个劳动力占投资的固定比例以及体现在劳动中的固定资本存量,并能按照增长率的增长速率生产出一定的商品。如果我们沿伪生产函数从较高利润率滑向较低利润率,投资中的劳动力占比也在上升(因为每年都有大量工厂被新工厂取代)。因此,伪生产函数显示出了较高的资本劳动比率(相对意义上)与较低的利润率的相关性。

此外,在这里我们能发现与维克塞尔的资本存量"深化"过程的相似之处。产出中总投资份额的增长会带来人均产出的增长,从而导致工厂生产使用年限的缩短。我们必须考虑到这一点对新古典经济学理论的重要意义。

新古典年份模型 在前凯恩斯主义背景即储蓄决定积累的条件下,这个模型是一个非良态模型。在某些版本的年份模型中,[①]人们理所当然地认为储蓄与收入的比率(哈罗德模型的 s)由家庭收入中的储蓄倾向决定。因此在任何时候,每年都会有一定数额的储蓄以及确定的利息率,企业受此利息率吸引拿出充足的资金进行总量投资,并产生出等于这笔储蓄数额的净投资。因此,利息率决定了影响工厂生产使用年限的利润率。[②] 但这并不是前凯恩

[①] 见弗格森,前引书,第13章和14章。新新古典经济学家已经对年份模型进行了全面阐述。

[②] 在阿罗教授的模型中,储蓄倾向决定了总投资在产出价值中的份额。(这是通过改变问题来寻找答案。)实际工资率在任何时候都满足充分就业条件。于是他达到了目的。虽然他提出了"干中学"(learning by doing)的表述,但事实上,他提出的是一个普通的年份模型,即技术进步体现在对设备的设计中。唯一的差别是,进步的速度是总投资量的递增函数。见《干中学的经济意义》(The Economic Implications of Learning by Doing),载《经济研究评论》,1962 年 6 月。

八 增长模型

斯主义的观点,这只是冒牌凯恩斯主义的观点。对于凯恩斯而言,利息率对投资率的影响(不管怎样都是他体系中的一个弱点)[①],产生自利息率与预期利润率(或者"资本边际效率")的关系。为了刺激投资,利息率(借贷的成本)必须低于经由足够的风险溢价调整的预期利润率,但在一个平静而稳定的增长路径上,我们必须假定风险溢价忽略不计。如果利润率已经确立,银行体系一定应该留意到,利息率不能出格(否则会打破均衡),但如果没有其他因素可以决定利润率,利息率也无法决定利润率。

另外一种观点显示出,在某种极为特殊的意义上,社会投资回报率总的来说等于利息率。这也是年份模型一个巧妙的用处,值得反复说道。

将稳定增长的所有假设与完全竞争一起考虑,我们假定,工厂的生产(它是唯一的资本品)与借助工厂进行的消费品生产之间,有明确的区分。投资部门的工人借助于他们操作的设备,保持着他们所需要的设备存量,同时也为消费品生产部门建工厂。

现在我们假设消费品生产部门有处于 10 年周期中不同年份的工厂同时存在,全行业雇用 100 个工人团队。每家工厂在自己整个生产年限中雇用一个团队,除了工资总额外没有其他直接成本。我们用一年时间作为工厂的开业筹备期,每家工厂的生产年限定为 10 年。到这个时间结束的时候,实际工资已经上升到足以吸收其全部产出,然后工厂废弃。那么,在筹建工厂 V_{10} 的时候,由于消费少于往常,所以家庭释放出的资源是 101 个团队,而不是

---

① 参见上文,第 83 页。

通常的 100 个团队。随后的投资还是每年 100 家工厂。为了给这家额外的工厂配备工人,就要从正在进入生产年限最后一年的工厂 V_1 接手一队人。第二年,当工厂 V_1 被废弃的时候,释放出来的仅有 99 队人。从工厂 V_2 接手的一队人配备给需要 100 队人的工厂 V_{11},从工厂 V_3 接手一队人配备给需要 100 队人的工厂 V_{12},如此这般,直到工厂 V_{10} 进入自己的最后生产年限。接下来要有一队人转给工厂 V_{19}。在当年年底,剩下的 100 队人释放出来进入工厂 V_{20}。这才又恢复到了正常状态。

除了没有了特别的 V_{10} 工厂以外,现在,第一年的额外产出就是 V_{10} 的工作团队产出减去 V_1 的工作团队产出的结果。按当时价格计,V_1 的产出仅仅是一个工作团队的实际工资而已。因此当年的额外产出大约等于 V_{10} 这家工厂在其生命周期第一年的准租金。第二年的额外产出则是 V_{10} 的 1 个团队的产出减去 V_2 的 1 个团队的产出,约等于该年的工资。这样在十年时间里,依据工厂的初始成本产生的正常利润率,等于工厂的一连串准租金。因此(假设经济有充分弹性,足以允许在没有额外成本的条件下额外成立一家工厂),额外消费等于额外投资的利润率。[①]

这就表明,如果经济在任何给定利润率条件下都均衡增长,在此特定意义上,回报率等于利润率。

另一个受欢迎的说法是指出了工资率等于劳动的边际产出。

---

① 上面这段文字摘录自对索洛教授《资本理论与收益率》的评论(稍有改动)。见琼·罗宾逊,《经济学论文集》(*Collected Economic Papers*),牛津:布莱克维尔出版公司,1965 年,第 3 卷。

八 增长模型

任何时候,劳动力稍有减少都意味着某些最为老旧的工厂(濒临报废)即将停止运营。在工资总额是直接成本中的唯一要素并且是在完全竞争状况下,产出(边际产出)的减少就等于工资的降低。同样,劳动力的少许增加可以通过拖延某些老旧工厂的报废时间来容纳(但需要有效需求水平有增长才值得这样做)。边际产品决定工资当然没有什么意义,因为,最老旧的工厂的生产年限及其产出和工资率,其实全都由技术状况和利润率决定。

由于缺少分配理论,新古典年份模型的唯一手段就是像基布兹委员会(committee of a kibbutz)管理经济那样来处理经济问题。[①](我们继续假定,人们一直做的是一定量的工作,尽管这一假定在这里不是很合理。)如果委员会决定了生产企业中所用劳动力的比例(参考我们最后一个例子的条件)以及相应的已经建成的(两个部门中的)设备存量,就像在一个利润率与两个部门之间的资源分配具有相关性的经济体中一样,这种合作肯定也会遵循完全相同的路径。随着消费品部门的每一家新工厂投入使用,从生产能力最低的工厂调人出来做工的做法仍然在使用,于是,与那些由利润和工资构成收入的工厂发生的事情相同,新工厂也确立了同样的生产年限,尽管消费商品在合作社成员之间的分配可能依据的是他们觉得可以接受的任何原则。(他们或许会为了记账方便,弄出一个名义工资率,尽管在我们给出的简单条件下其实并没有这个必要——按实际工资计算能够满足他们的要求。)

---

① 参见上文,第33页。

但是,什么决定了分派给投资的劳动比例呢?我们在这里可以借用新新古典定理或者黄金法则进行讨论。[①] 在某种程度上,技术进步每一阶段的消费水平都高于前一阶段消费水平的这种发展路径,是因为对投资部门的永久性劳动分配的增加。如果工厂的生产年限减少到这样一种程度,再调动一队工人进入投资部门会增加的未来产出(通过缩短工厂的生产年限),不会多于将他们从消费品部门调走而造成的损失,抑制资本存量"深化"的过程就可以达成。在这一点上,用劳动时间与现有雇佣劳动度量的资本存量比的进一步上升,已经得不到什么了。

集体农庄委员会或许直接就解决了这个问题,或许他们会发现,在任何时候,对应于名义工资率的名义利润率都会等于老旧工厂的人均产出,并可以用来与增长率相比较。增长率是技术折旧率或者经济的客观"等待成本"[②];只要名义利润率大于等待的成本,就有通过提高产出中的投资占比而获得未来消费的可能(超乎此将是另一种情况)。集体农庄委员会或许会认为最大化的目标,或者将未来的主观贴现率带入计算是正确的,目的是停止短期生产,因为在某种程度上,工厂的生命越长(投资份额越少)。

---

① 参见琼·罗宾逊,《经济增长理论论文集》(*Essays in the Theory of Economic Growth*),第 136 页。伦敦:麦克米伦出版公司,1963 年。

② 从社会的角度看,增长率(由技术进步外生给定)是指体现在技术改进中的一单位总量投资的回报率。名义利润包括超过名义工资的消费剩余。只要名义利润率下降到等于增长率,且名义工资包含了全部消费,为了未来消费而减少当前消费就没有多少意义。

八 增长模型

如果他们决定了自己提出的目标,他们就必须考虑迈向这个目标的步调。最孤注一掷的举动就是,一达到某一可接受的最低消费水平,就将全部可用劳动都投入投资部门。这种办法虽然可以在可能的最短时间内达成目标,但却有点过分。随着工人从消费品生产中释放出来(通过人均产出的提高),投资开始加速。投资部门的部分劳动随着本部门设备的增加而被占用。如果投资被稳定在其长期水平,为使投资部门没有冗余设施而去调整投资部门的设备存量,从技术上说是不可能的。不怎么激烈的举动是将投资部门的劳动比例增加到长期需求的水平,然后开始增加工厂数量,按照这个速度往前发展,直到在允许消费增长的同时,具有年限构成要求的工厂存量全部建成为止。或者,在早期阶段,在允许较高消费水平以及最小加速度的同时,也允许更长时间的调整。(新古典经济学声称,考虑到消费品的边际效用率随人均消费的上升而下降,有可能就理想方案向委员会提出建议。或者,为了审查已经决定的计划,他们要推导出证明其合理性的隐式时间模式。)

面对负责国家投资计划的权威部门,我们关于基布兹的故事不会有助于问题的解决。我们提出这个问题只是为了阐明新古典社会和谐哲学的积累问题,并将积累问题从工资和利润的收入分配问题中分离出来。

根据黄金法则,集体农庄希望实现的最大化资本存量就是利润率等于增长率的资本存量。如果全部工资用于消费且全部利润用于储蓄,就能实现这种利润率。这是新新古典理论与其批评者之间的一个交汇点,尽管新新古典经济学通常都不重视非劳动收入的消费有害于社会这个论断。①

诱导性偏向

现在我们必须放松假设,即新工厂不受利润率影响时的工厂成本之假设。如果每一轮投资只发明出一种高级技术,体现在技术中的工厂的物理特性和劳动就与价格无关;比较一下具有不同利润率的两条路径,在利润率较低的时候,人均资本价值或许较高也或许较低。在两个利润率处于相同的伪生产函数的不同点之时,工厂的设计也不相同。当两个点处于前向转换点(forward-switch point)的两侧时,利润率越低则资本价值越高。这种情况意味着工资占比将会降低,因此会使工厂的生产年限延长。工厂生产年限越长,对应于工厂新建时给定的工厂价值而言,资本存量的总价值就会越低。这样,伪生产函数在纵向维度方面越呈良态,在横向维度方面则离良态越远。当两种技术在后向转换点(backward-switch point)分离的时候,利润率越低则资本价值越低,因此(在给定增长率条件下),工厂的生产年限都更短。

但是,这一切意味着什么呢?一个单一的伪生产函数怎么就能随着技术进步的持续进行而持续再创造呢?在每条发展道路上,一连串高新技术年复一年被发明出来。在不同技术适应于不

---

① 在这里,$S_p=1$,$S_w=0$。设 $S_p=1$,也会有一定的工资储蓄比($S_w>0$)。因此 $π$ 小于 g。资本家没有足够的利润为投资融资,他们从工人手上借款。由于投资部门的劳动量过剩,所以适合于这一利润率的工厂服务年限非常短,以至于会减少低于发展路径上最大化点的任何一个点的消费。

同路径的条件下,这些不同系列之间怎么就能具有系统关系呢?用以解释若干庇古静止状态的伪生产函数已经是一种人为建构(artificial construction);再假设出一连串形态相同并随时间的推移稳步向前的伪生产函数,纯属荒唐。

事实上,我们在这个情形中引入了技术进步,"自然"增长率这一给定的外生概念,是一个非自然概念。设计工厂的工程师,由打算建厂的企业直接或者间接雇用;对利润前景的预期影响了工厂的设计。此外,积累在实际经济中的进展并不顺利。在投资率非常高且很难招聘到工人的条件下,对创新种类的要求也不同于在萧条时期由降低成本的压力所诱导的情况。从长远来看,历史和地理条件塑造了每个经济体必须遵循的路径。在利润前景很好的地方,资金很容易找到;在劳动稀缺的地方,资本使用型创新就很受青睐;在有大量劳动储备的人口过剩的农村地区,资本节约型创新才能使经济高速发展成为可能。然而,如果用资本进行度量,美国的资本劳动比率高于日本,但两国并不是同一生产函数上的两个点。[①]

技术另一方面的重要性远远超过技术的盈利能力。五十年以后,人们明白了庇古强调的实际成本差异,即生产适销对路的商品的实际成本和追逐利润企业的货币成本之间的差异。技术的本质在很大程度上取决于公众推崇什么东西。

[①] 参见上文,第106页。

结　　论

按照一定的假设条件做模型非常容易。困难在于要找到与现实具有相关性的假设。在不会消除我们打算阐明的实际状况之本质特征的前提下，建立起一个能够简化问题以便问题易于处理的框架，是一门艺术。凯恩斯发现，两次世界大战之间的正统经济学学说都是从需要假设的模型推导出来的，这些假设就是：工资协议由雇主的产出决定，而且家庭储蓄的决定控制了企业的投资率。这些假设被偷偷搬进了新新古典模型。所有关于"资本"含义的喧扰都出自于此。实际工资率趋于保证充分就业水平的模型要求有一个"单一商品世界"的专门假设。① 再加上完全竞争和瞬时建立均衡的进一步假设，才能证明实际工资等于劳动边际产出。

经常有人说，这个思想体系是意识形态偏见的结果，但是，除非这一模型能够通过一致性和相关性检验，否则，没有必要提出这样的问题。在前述文章中，我们已经对它们基于时间处理的逻辑

---

①　参见上文，第69页。在单一商品模型中，两个前凯恩斯假设一起得到了验证。在新新古典两部门模型中，"资本"具有单一商品条件下的全部相同特征，而消费品则由不同物质制成。因此某一部门价格是以另一部门的价格为依据，两部门的价格随两部门净产出的区分而变化。带入第二个前凯恩斯主义假设是为了确定这个区分。米德教授在《新古典增长理论》(*A Neoclassical Theory of Growth*，伦敦：艾伦和昂温出版公司，1961年)中对这些假设作了严谨的解释。

结构提出了重大异议:它们似乎不能对并存的差异和时序性变化作出区别。即使它们能够通过一致性检验,他们也通不过相关性检验。正如索洛教授所说,它们只是"廉价的载体"(cheap vehicles)[①];事实上,它们根本无法在他们立足之地站稳——一旦放松它们的任何一个特定假设,模型马上崩溃,所以我们必须依靠自己从头做起。

我们当然可以同意从凯恩斯停步的地方重新开始。谁想要否认未来的经济具有不确定性;谁愿意否认在一个私人企业经济中,投资决策是由企业作出而不是由家庭作出;谁想要否认以货币形式给出的工资或者按制成品价格给出的工资,不是在完全竞争市场经由讨价还价形成的呢?

一个意在与某些实际问题相联系的模型,必须考虑到模型涉及的经济运行方式。某些时候,"纯理论家"会用一种傲慢的态度对待"结构主义者"或者"制度主义者"。他们偏爱的是一种没有经过任何物质内容玷污的纯理论。凯恩斯是一名制度主义者吗?凯恩斯考察了他所见的民族国家、产业组织、银行体系以及股票交易所的制度。自他那个时代以来,理论发挥作用的环境已经发生了重大改变。其中部分变化是与他的名字相关的意识形态发生变化的结果,即资本主义工业国家政府在经济管理中起到了比以往更大的作用。每个国家的政府都希望采用这样的政策,这种政策能够维持接近充分就业状况(也意味着较高水平的利润)并促进本国经济持续增长;同时,又要避免过度通货膨胀,保持国际收支平衡

---

① 参见《论回报率:答帕西内蒂》,载《经济学杂志》,1970年6月。

以及贸易收支账户顺差。每个国家采用的政策也会影响到其他国家的政策。国家政策的内部一致性越大,国际无政府状态就越加恶化。同时,不断发展壮大的庞大的国内企业和国际企业,正在建立起独立的能够影响或者操纵各国政府政策的权力中心。

有迹象表明,20世纪70年代可能是现代资本主义的试验期。那么,有可能在没有过度通货膨胀的前提下维持接近充分就业水平吗?国际货币体系的建立会经得起国内政策加诸的负担吗?即使隐约出现的危机已经克服,且一轮新的繁荣就在眼前,但更深层次的问题仍然存在。现代资本主义除了保持自身的持续存在之外别无其他目的。为了防止严重失业并保持实际工资的增长以稳固工人的忠诚度,日益增长的消费使公众普遍产生了自满心理,盈利机会也鼓励了企业的扩张。

国民经济的成就与国民生产总值(GNP)的统计相一致。但对产品的内容没人提出过疑问。最近25年来现代资本主义的成功一直与军备竞赛和军火生意有着密切关联(更不用提及他们习以为常的战争了);但资本主义在克服自己国家的贫穷方面没能获得成功,(退一步说)在帮助推动第三世界国家的发展方面也没能取得成功。现在我们得知,资本主义正在让这个星球成为在和平时期都不适宜人类居住的地方了。

经济学家的职责应该是尽自己的最大努力就这些危险问题的经济方面对公众进行启迪。但他们受到了代表资本主义世界——就像以开明方式使自己成员福利最大化的基布兹——的理论框架(有保留和例外)的阻碍。

索 引

本索引所标页码为英文版页码,参见中文版边码

Account,unit of,计账单位,95—96

Accounts,national income,国民收入账户,77

accumulation,积累,3—4,14,37—38;rate of,~率,112;through exploitation,通过剥削的~,42

amortization,摊销、分期偿还,19;of capital,资本的~,10

Arrow,K.,肯尼思·阿罗,133n

Auctioneer,拍卖师,6,7

bank loans,银行贷款,interest on,~利息,28

Bank of England,英格兰银行,81

Baumol,W.,W.鲍莫尔,107n

Berrill,K.,K.贝利尔,111n

Bhaduri,Amit,埃米特·巴杜里,122n

Bias,induced,偏见,引入的~,139—140

boom,繁荣,22,23,81,83,94

borrowing,借款,cost of,~的成本,28

Business Behavior, Value and Growth(Baumol),《商业行为:价值与增长》(鲍莫尔),107n

buyer's market,买方市场,19—23

Cambridge equation,剑桥方程,78,85

Capacity,productive,生产能力,14,16,17;changes in,~的变化,17,22,23,56;increase in,~的增长,54;reducing,~的减少,22

Capital,资本,89;accumulation of,~积累,15;amortization of,~的分期偿还,10;marginal efficiency of,~的边际效率,30;marginal productivity of,~的边际生产力,15,32,34,37;quantity of,~的量,13,37;rate of,~率,145;profit on,~利润,28,96;

supply price, of，～的供给价格，13; value of，～的价值，31

"capital deepening"，～的深化，35

Capitalism，资本主义，102，143; laisser-faire，自由放任，34

Capitalism, Socialism and Democracy(Schumpeter)，《资本主义、社会主义与民主》(熊彼特)，105n

Capital(Marx)，《资本论》(马克思)，42

Capital Theory and the Rate of Return(Solow)，《资本理论与收益率》(索洛)，32n，135n

capital to output ratio，资本产出比率，110

capital value，资本价值，9

cash，现金，73

change，变化，53

Chicago school，芝加哥学派，75，85—88

Clark, J. B.，J. B. 克拉克，32

Clower, R. W.，R. W. 克洛尔，65n

Collected Economic Papers(Robinson)，《经济学论文集》(罗宾逊)，135n

Competition，竞争，97，98，100，102，103; imperfect，不完全～，18，20，62，97，98—102，103; perfect，完全～，98—102，142

conglomerates，企业集团，102

constant returns to scale，规模收益不变，52，53

cooperatives，公司，34，135—138

corn economy, Ricardo's，李嘉图的谷物经济学，39，42，50，57，67，69n，70—71

"cost of waiting"，"等待的成本"，15

"cost-push"，"成本-推动"，92

costs 成本; escapable，可免～，17; fixed，固定～，17; functional relationship between output and，产出和～的函数关系，53; labor，劳动～，11; marginal，边际～，58，97，99，100; opportunity，机会～，6; overhead，管理～，21; prime，直接～，20，21，99; prime average，平均直接～，19; sunk，沉没～，17; total，全部～，19; variable，可变～，17

demand: deficiency of effective，缺乏有效需求; 91; effective，有效需求，23—24，49—51;
equilibrium between supply and，供给与～均衡，4，7—8; influence upon supply，～对供给的影响，16; level of，～水平，19

"demand-pull"，"需求拉动"，92

Depression，萧条，23，31; cause of,

～的原因,30
developing countries,发展中国家,15
diminishing returns,收益递减,52—63
discount,rate of,贴现率,28

earned income,劳动收入,46
Economic Consequences of the Peace(Keynes),《合约的经济后果》(凯恩斯),46n
economic growth,经济增长,109—140
economic theory,经济理论,100
Economics of Imperfect Competition,《不完全竞争经济学》,99n
Economics of Welfare(Pigou),《福利经济学》(庇古),60n
economies of scale,规模经济,58—63,102,125
economy:corn(Ricardo's),(李嘉图的)谷物经济,39,42,50,57,67,69n,70—71;nonmonetary,非货币,5—6;one-commodity,单一商品,67—71;"real",真实商品,90;stationary,静态经济,3—15,73—74
effective demand,有效需求,23—24,49—51;deficiency of,需求不足,91

Elements of Pure Economics(Walras),《纯粹经济学要义》(瓦尔拉斯),26n
employment:full,充分就业,14,15,24,34,61,81,89,91,94,112,141;theory of,～理论,88—90
equilibrium:between supply and demand,供需均衡,4,7—8;long-run,长期～,18
equilibrium price,均衡价格,65
escapable costs,可免成本,17
Eshag,E.,埃普里姆·埃沙格,28n
Essays in the Theory of Economic Fluctuations(Kalecki),《经济波动理论论文集》(卡列茨基),105n,119n
Essays in the Theory of Economic Growth(Robinson),《经济增长理论论文集》(罗宾逊),136n
Euler's theorem,欧拉定理,68n
exchange rate,depreciating the,汇率下跌,91
expectations,预期,22—23,95,104;long term,长期～,32
exploitation,rate of,剥削率,42—44
"external diseconomies","外部不经济",55
external economies,外部经济,58,59

factor prices, 要素价格, 35; relation of "marginal products" to, 边际产出与～的关系, 55

factors of production, 生产要素, 6, 7—8; substitutability between, ～之间的可替代性, 7

Ferguson, C. E., C. E. 弗格森, 33n, 132n

financial institutions, function of, 金融机构的职能, 48

financial power, 融资能力, 102

firm: optimum size of, 企业：最佳规模, 58, 97—98; theory of the, ～理论, 97—108

firms, growth of, ～的增长, 101

fixed costs, 固定成本, 17

Friedman, Milton, 米尔顿·弗里德曼, 75n, 86

From Marshall to Keynes (Eshag), 《从马歇尔到凯恩斯》（埃沙格）, 28n

full employment, 充分就业, 14, 15, 24, 34, 61, 81, 89, 91, 94, 112, 141

Galbraith, J. K., J. K. 加尔布雷思, 105n, 124n

General Motors, 通用汽车公司, 103

General Theory (Keynes), 《通论》（凯恩斯）, 5n, 23—24, 45, 77n, 79, 80—81, 82, 83n, 85, 90, 91, 94, 108n, 109, 118n

golden rule, 黄金律, 136, 138

gold standard, 金本位, 65, 81

Gordon, M., M. 戈登, 107n

government policy, 政府政策, 24

Gregory, T. E., T. E. 格里高利, 90n

gross national product, 国民生产总值, 82

gross profits, 总利润, 31; retention of, 毛利留存, 117, 120

growth: natural rate of, 自然增长率, 109, 112—113, 118, 128, 139; of firms, 公司的～, 101; rate of, 增长率, 42, 44; "warranted" rate of, "有保证的"增长率, 110, 111, 125

growth models, 增长模式, 109—140

Hahn, F. H., F. H. 哈恩, 120n

Harrod, R. F., R. F. 哈罗德, 12, 24, 74, 109—116, 120n, 121n, 122, 125, 127—128

Harrod's knife-edge, 哈罗德刀刃, 110, 111, 116, 117, 120n

Hicks, J. R., J. R. 希克斯, 26n, 82, 88, 98, 100, 125—127

hire-price, 租金价格, 6

household savings, 家庭储蓄, 117—123

索 引

How to Pay for the War(Keynes),
《如何为战争付款》(凯恩斯),
24n,77n

hyper-inflation,恶性通货膨胀,93

imperfect competition,不完全竞争,18,20,62,97,98—102,103

income:distribution of,收入分配,93;earned,劳动收入,46;net national,国民净收入,82;rentier,食利者的收入,14,49;social,社会收入,25;unearned,非劳动所得、非工薪收入,46

incomes policy,收入政策,92—94

increasing returns,报酬递增,52—63

induced bias,诱导性偏向,139—140

"infant industry case","幼稚产业案例",55

Inflation,通货膨胀,90—95;analysis of,对～的分析,91;continuous,持续～,93,95

input-output table,投入产出表,10—11

innovations,发明创新,125—140

instability,不稳定,124

interest,利息,8—9;definition of,～的定义,28;fall in rates,～率下降,31;level of rates,～率水平,31;long-term rates,长期～率,27—28,29;money rate,货币利率,28;natural rate of,自然利率,28;profit and,利润和～,25—51;rates of,利率,9,11n,27,30,81,83;short term rates,短期利率,28;theory of money and,货币理论与～,79—82

Introduction to Monetary Theory(Clower),《货币理论导论》(克洛尔),65n

inventions, neutral,中性发明,125—129

investment,投资,23,28—29,90,104;net,净～,42,47,productivity of,～生产力,33—34;savings and,储蓄和～,44—49

Investment, Financing and Valuation of the Corporation, *The*(Gordon),《公司的投资、财政和评估》(戈登),107n

investment plans,投资计划,83,87,104—106

irreversibility,不可逆性,53—58

IS curve,*IS*曲线,82—85

Jaffe,W.,W.贾菲,26n

Kahn,R. F.,R. F.卡恩,61n

Kaldor,N.,N.卡尔多,105n,122,123n

Kalecki, M., M. 卡列茨基, 47, 83, 94, 105n, 119n

Keynes, John Maynard, 约翰·梅纳德·凯恩斯, 5n, 14, 23—24, 30—32, 45, 49, 50, 72, 73n, 75, 77, 79—85, 87, 88, 89, 90—92, 98, 108, 118n, 133, 141, 142

Kingdom Come, 天国, 4, 9—13

Kibbutz, 基布兹, 33, 135—138, 144

labor: availability of, 劳动力的使用, 17, 18; cost of, ～成本, 11; excess demand for, 对～的过度需求, 92; marginal product of, ～的边际产出, 70

labor force, effective, 劳动力, 有效～, 34, 74

"labor-saving", "节省劳动力", 126

labor-value prices, 劳动价值的价格, 36

laisser-faire capitalism, 自由放任的资本主义, 33, 45, 50, 51

"laws of returns", 回报法则, 59

Lectures (Wicksell),《国民经济学讲义》(维克塞尔), 59, 68n

Leijonhufvud, Axel, 阿克塞尔·莱琼霍夫德, 85

liquidity preference, 流动偏好, 118n

liquidity trap, 流动性陷阱, 85

LM curve, *LM* 曲线, 82—84

Loftus, P. J., P. J. 洛夫特斯, 43n

Luxemburg, Rosa, 罗莎·卢森堡, 50

Machines, hire-price of, 机器, 租金价格, 26—27

macro-theory, 宏观理论, 107—108

"*Managerial*" *Capitalism, The Economic Theory of* (Marris),《"管理"资本主义的经济理论》(马里斯), 107n

marginal cost, 边际成本, 58, 97, 99, 100

marginal net product, 边际净产出, 12

marginal physical product, 边际物质产品, 12

marginal productivity, 边际生产力, 58

marginal product of capital, 资本的边际产出, 15, 32, 34, 37

marginal product of labor, 劳动的边际产出, 70

marginal products, 边际产出, 55—58

market: buyer's, 市场: 买方～, 19—23; prison-camp, 战俘营, 4—6; seller's, 卖方～, 19—23; Walras', 瓦尔拉斯的～, 4

market clearing prices,市场清算价格,16
market prices,市场价格,65—67
Marris,R.,R. 马里斯,107n
Marshall,A.,A. 马歇尔,9,12,13—14,16,17,18,19,21,22,23,24,27—30,32,48,49,50,54,55,58,59,61,62,63,67,72,73,88—89,102,109,125
Marshallian model,马歇尔模型,13—14
"Marshall's dilemma","马歇尔困境",97,102
Marx,Karl,卡尔·马克思,3,25,42—43,43n,50
Meade,J. E.,J. E. 米德,120n,141n
medium of exchange,交换媒介,65
micro-equilibrium,微观均衡,12
micro-theory,微观理论,107—108
Mill,J. S.,J. S. 穆勒,88n
Mirrlees,J. A.,J. A. 莫里斯,105n
model(s):growth,模型:增长,109—140;Marshallian,马歇尔~,13—14;non-monetary,非货币~,64—76;Pigovian,庇古~,9—13;Walrasian,瓦尔拉斯~,4—9
Modigliani,F.,F. 莫迪利亚尼,120n
monetary policy,control of,货币政策的调控,87
money,货币,64,65,76,81,87,89;in a golden age,黄金增长期的~,74—75;prices and,价格与~,77—76;purchasing power of,~购买力,95—96;quantity of,~量,79,87;real forces and,现实力量与~,71—74;theory of interest and,利息理论与~,79—82
money-wage rates:level of,货币工资率水平,90;lowering of,~降低,91
monopoly,垄断,97,102—103;degree of,~程度,90,114,116,124
Morishima,M. 森岛通夫,27n

national income accounts,国民收入账户,77
natural rate of growth,自然增长率,128
neoclassical school,新古典学派,3,25
Neoclassical Theory of Growth, *A* (Meade),《新古典增长理论》(米德),141n
Neoclassical Theory of Production and Distribution, *The* (Ferguson),《新古典产出和分配理论》(弗格森),33n
neoclassical vintages,新古典年份模

型,132—138

neo-neoclassical theorem,新新古典定理,44n,136

neo-neoclassics,新新古典理论,32—38

net investment,净投资,42,47

net national income,净国民收入,82

net profit,净利润,17,19,40,42; source of,～的来源,46

Neumann, von,冯·诺伊曼,40—42,44,72n,109

neutral inventions,中性发明,125—129

New Industrial State, The (Galbraith),《新工业国》(加尔布雷思),105n

non-monetary economy,非货币经济,5—6

non-monetary models,非货币模型,64—76

Nuti, Mario,马里奥·努蒂,103n

Oligopoly,寡头,102

one-commodity economy,单一商品经济,67—71

On Keynesian Economics and the Economics of Keynes (Leijonhufvud),《论凯恩斯学派经济学和凯恩斯的经济学》(莱琼霍夫德),85

opportunity cost,机会成本,6

Optimum Quantity of Money, The (Friedman),《最优货币数量》(弗里德曼),87n

optimum rate of growth,最佳增长率,128n

out-of-equilibrium situation,失衡状态,19

output: capacity,产出：能力,19; functional relationship between costs and,成本和～的函数关系,53; increase in,～的增长,54; level of,19; per man-hour,每人每小时的～,53

overhead costs,管理费用,21

Pasinetti, L. L.,L. L. 帕西内蒂,37n,69n,119,120n

Patinkin, Don,唐·帕廷金,87n

Penrose, Edith,伊迪丝·彭罗斯,107n

perfect competition,完全竞争,98—102,142

Pigou, Arthur,亚瑟·庇古,9,55,58—59,60n,61,72,73n,97,101,102n,125,140

Pigovian model,庇古模型,9—13

Placements, yield of,配置，收益率,28

Power, financial,融资能力,102

price(s): equilibrium, 价格: 均衡, 65; factor, 要素, 35; labor-value, 劳动价值, 36; level of, ～水平, 31; Market, 市场～, 65—67; market clearing, 市场出清, 16; money and, 货币和～, 77—96; relation of "marginal products" to, 边际产出与～的关系, 55; supply, 供给, 18—21, 62

price determination, 价格决定, 4

price leadership, 价格领导, 20—21, 116

price level, 价格水平, 10, 90, 94

prime costs, 直接成本, 20, 21, 99; average, 平均成本, 19

Principles (Marshall), 《经济学原理》(马歇尔), 9, 12n, 14, 16n, 19n, 50n, 55n, 125n

Principles (Ricardo), 《政治经济学及赋税原理》(李嘉图), 39n, 40n

prison-camp market, 战俘营市场, 4—6

Problems of Economic Dynamics: Essays in Honour of Michal Kalecki, 《经济动力学问题: 纪念卡列茨基论文集》, 128n

production: factors of, 生产要素, 6, 7—8; factors of substitutability between, 可替代性要素, 7; means of, 生产资料, 3; organized, 组织生产, 10; surrogate function, 替代性函数, 36n

Production of Commodities by Means of Commodities (Sraffa), 《用商品生产商品》(斯拉法), 39n

productive capacity, 生产能力, 14, 16, 17; changes in, ～的变化, 17, 22, 23, 56; increase in, ～提高, 54; reducing, ～降低, 22

Productivity and Technical Change (Salter), 《生产力和技术变化》(萨尔特), 129n

Productivity of investment, 投资生产率, 33—34

profit margins, level of, 边际利润水平, 90

profit(s), 利润, 13, 25; definition of, ～的定义, 28; diffusion of, ～的流转, 29; expectation of, ～的预期, 80; ex-post realized, 事后实现的～, 21; function of, ～的功能, 46; gross, 总～, 31; interest and, 利息与～, 25—51; low, 低～, 30; net, 净～, 17, 19, 40, 42; normal rate of, 正常～率, 30, 48; rate of, ～率, 13, 14, 27, 29, 31, 47—48, 50, 124; rate of net, 净～率, 31; reinvestment of, ～再投资, 101—102; retention of gross, 总利润留存, 117, 120; saving and, 储蓄和～, 117—125; source of net, 净利润来源, 31; uniform rate of, 统一利润率, 113

progress, 进步, 13

property: legal system of, 财产: 法律制度, 124; rentier, 食利者, 114

pseudo-production function, 伪生产函数, 34—38, 44n

purchasing power, 购买力, 4, 5, 6, 65, 95—96

Pure Theory of Domestic Values (Marshall), 《国内价值纯理论》(马歇尔), 89n

quantity of capital, 资本量, 13, 37

quantity theory, 数量论, 77, 79, 85, 88, 94

Radford, R. A., R. A. 拉德福, 4n, 59n

"real forces", "现实力量", money and, 货币和～, 71—74

real-wage rate, 实际工资率, 13

real wages, 实际工资, 11—13

rent, 租金, 6

"reswitching" controversy, "再转换"争论, 35, 116

returns: constant, 固定报酬, 52, 53; diminishing, ～递减, 52—63; increasing, ～递增, 52—63

"reward of waiting", "等待的回报", 9, 13

Ricardo, David, 大卫·李嘉图, 3, 8, 36, 39, 42, 49, 52, 57, 58, 67—68, 109

Robertson, Dennis, 丹尼斯·罗伯森, 22, 88

Robinson, E. A. G., E. A. G. 罗宾逊, 101n

Robinson, Joan, 琼·罗宾逊, 110n, 135n, 136n

Salter, W. E. G., W. E. G. 萨尔特, 129n

Samuelson, P. A., P. A. 萨缪尔森, 35n, 36n, 120n, 131n

savings, 储蓄, 14, 15, 26, 46, 48, 89, 112—115; household, 家庭～ 117—123; investment and, 投资与～, 44—49; profits and, 利润与～, 117—125

Say's Law, 萨伊定律, 50, 88

Schumpeter, Joseph, 约瑟夫·熊彼特, 105n

seller's market, 卖方市场, 19—23

service life, determination of, 服务年限的确定, 129

Shackle, G. L. S., G. L. S. 沙克尔, 58n

share of net saving in net income,

净储蓄在净收入中的份额,110,114

short-period situation,短期状况,16—24,62

Simons, Henry Co,西蒙·亨利公司,85,86n,88

slumps,萧条,14,50,81,85,90,94,95,99

Smith, Adam,亚当·斯密,3,52

Solow, R. M., R. M. 索洛,32n,33n,104n,136n,142

speculation,投机,30

Sraffa, Piero,皮耶罗·斯拉法,39n,40n,59,72n

stationary states,静态,3—15,73—74

Stock Exchange,股票市场,48,124

stop-go cycle,交替循环,94

strikes,罢工,93

Structure of Competitive Industry, The (Robinson),《竞争产业的结构》(罗宾逊),101n

substitutability: between factors of production,生产要素的替代性,7

sunk costs,沉没成本,17

supply: equilibrium between demand and,供需均衡,4,7—8; influence of demand upon,需求对供给的影响,16

supply price,供给价格,18—21

"surrogate production function",替代产品功能,36n

Swan, T. W., T. W. 斯旺,69n,111n

technical progress,技术进步,125—140

technique, choice of,技术选择,103—107

technology,技术体系,38,55

"theory of the firm",公司理论,59

Theory of the Growth of the Firm, The (Penrose),《公司增长理论》(彭罗斯),107n

thriftiness,节俭,125

Towards a Dynamic Economy (Harrod),《动态经济学初探》(哈罗德),110n

trade,贸易,4—5

trade-cycle theory,经济周期理论,23,94,110—111

trade unions,工会,85,92,94

tradition,传统,3

"turnpike" policy,"征收通行费"政策,41n

Uhr, C. G., C. G. 乌尔,71n

underconsumption,消费不足,50

unearned income,非劳动所得,46

unemployment,失业,34,85,91,92,

94, 124
unit of account, 记账单位, 95—96
utilization, changes in, 效用, 变化, 17

Valuation of the Corporation (Gordon), 《公司的投资、财政和评估》(戈登), 107n
valuation ratio, 估价比率, 122—123
"value added", "增加值", 95
Value and Capital (Hicks), 《价值与资本》(希克斯), 98, 100n
Value, capital, 资本价值, 9
variable costs, 可变成本, 17
vintage model, 年份模型, 129—132
vintages, neoclassical, 新古典年份模型, 132—138

wages, real, 实际工资, 11—13
Walras, 瓦尔拉斯, 4, 24—25, 58, 65
warranted rate of growth, 有保证的增长率, 110, 111, 125

Wealth and Welfare (Pigou), 《财富与福利》(庇古), 60n
wealth, transfer of, 财富转移, 60
"well-behaved production function", "良态生产函数", 36
"Wicksell Effect", "维克塞尔效应", 71n
Wicksell, Knut, 努特·维克塞尔, 14—15, 28, 37, 59n, 68n, 71, 71n, 72, 73
Wicksell process, 维克塞尔过程, 14—15, 35, 37, 70
worker-rentiers, 工人食利阶层, 119—120

Years of High Theory, *The* (Shackle), 《理论热的年代》(沙克尔), 58n
yields, 产量, 收益, 31
Young, Allyn, 阿林·扬, 60n, 62n

zero price, 零价格, 4, 5

图书在版编目(CIP)数据

经济学的异端:经济理论的一些老问题/(英)琼·罗宾逊著;安佳译.—北京:商务印书馆,2019
(经济学名著译丛)
ISBN 978-7-100-17284-4

Ⅰ.①经… Ⅱ.①琼…②安… Ⅲ.①经济学 Ⅳ.①F0

中国版本图书馆 CIP 数据核字(2019)第 063053 号

权利保留,侵权必究。

经济学名著译丛
经济学的异端
经济理论的一些老问题
〔英〕琼·罗宾逊 著
安佳 译

商 务 印 书 馆 出 版
(北京王府井大街36号 邮政编码100710)
商 务 印 书 馆 发 行
北京艺辉伊航图文有限公司印刷
ISBN 978-7-100-17284-4

2019年9月第1版　开本 850×1168　1/32
2019年9月北京第1次印刷　印张 5¼

定价:32.00元